小資變有錢的超強執行法：

夢想實現、財富翻轉、100天的行動方案

前言　　不必算命改運，
人人都能改變
命運！

　　最近常看到朋友們說想去給人算命或是想去廟裡改運，對於人是否能透過外力改變命運這件事，其實從小到大都是我一直在思考及探索如何改變人生命運。

　　在我的人生曾有段非常特別的經歷，十多年前我人生幾乎失去一切，跌到谷底，後來巧遇當時的師父他帶我去南部一間廟宇拜拜，去了幾次後幸運的是後來慢慢逐漸好轉，之後師父說我聰明善良希望我可以當義工，當時心想如果可以助人貢獻一點小小力量也是好事。

　　有三年的時間我每個月有兩個週末會搭高鐵下南部廟裡當義工服務信徒，之後在師父的培養下有機會從義工變師姐，也就能學習更多。在那段當師姐的過程中受了很多訓練，也參與了不少法會，看

到芸芸眾生向神明祈的願望形形色色，有的求財運、有的求健康、有的求姻緣，更有的人祈求改運或是求渡過生死關，當時的我覺得人類實在好渺小。

後來廟發生了一些權力的改組調整，廟中的組織經營層有很大的變動，也影響了我們義工神職人員的生活，離開廟裡之後因緣聚足重新回到小時候長大的教會，再次受洗，那時牧師說了一段話「若有人在基督裡，他就是新造的人，舊事已過，都變成新的了。」我記得當我聽到這段話時淚流不止，神奇的是感覺自己好像重生變成了新的人一樣。從此以後我不再尋求任何外力改變命運，因為我相信上帝對我的人生不管發生任何事，一定有祂美好的安排。

之後我居然一路提早實現了人生所有的六大夢想，成功翻轉的我的人生，包含了：

① 高職生考上大學
② 苦讀多年終於拿到上海財經大學博士學位
③ 出書（目前出了 7 本書）
④ 偏鄉學校設立獎學金

⑤ 環遊世界 60 國

⑥ 2020 年從職場退休／選擇自己想過的生活方式

　　回頭看我覺得除了信仰外，其實最大的改變就是想法、思維、行動上的巨大改變，那就是相信自己可以有力量完成自己的夢想，有足夠的勇氣及智慧努力往前走，不再迷惘、不再害怕、不再倚靠外在的力量，而是堅定的相信自己，一定可以努力完成所有設定的夢想目標及計劃。

　　而這個從心的改變所發出來的力量及意念是非常強大的，因為每一天你都會相信：今天的一小步會慢慢累積成一大步，一天一天的進步，一天一天的往更好的自己，更好的未來前進。

　　之後我把這個改變人生命運及提高執行力的方法系統整理出來，變成一個大家可以學習的「人生財富翻轉公式」，也曾應邀在〈今周刊〉實體課程中首次公開分享給大家，許多學員聽完後也覺得方法簡單及有效，而因為很多的粉絲沒上到實體課，大家敲碗希望我可以分享出來，這個人生財富翻轉的公式，是老

師從小到大都在用的方式，它陪伴我從高職生考上大學、完成博士學位、出書、環遊世界……，我很愛這個方法，因為這個方法徹底改變我的心志、我的人生、我的命運、我的財富、我的未來。

原本不打算再寫任何新書，二〇二二年想好好休息，因為寫本書的過程真的太過辛苦了，每次寫完就覺得被剝了一層皮似的痛苦。但前陣子在醫院做相關檢查時，內心有個聲音，我好想把這本書寫出來，把這幾十年親身經歷的許多改變的過程、力量、方法有系統的寫出來分享給大家，然後對大家的人生財富成功翻轉能有些幫助。

$$(D \cdot P \cdot D \cdot C \cdot A)$$

Dream 夢想

你的人生未來 3、5、10、20 年的夢想是什麼？你想完成什麼樣的夢想、想過什麼樣的夢想人生？要對未來自己的人生有清楚的夢想藍圖。

Plan 計劃

為了完成未來你人生所有的夢想，每一年你都要有清楚的人生計劃，才能逐一的完成你未來 3、5、10、20 年 ... 的人生夢想。

Do 執行

有了清楚的人生計劃後，每一年、每一季、每一個月、每一週、每一天，你都要一小步一小步的執行這些夢想計劃。

Check 檢視

做了執行後，之後還要定時的檢視你的計劃及進度是否往正確的方向前進，如果進度落後或是偏離你的夢想目標，那就要設法修正。

Act again 持續行動

定期 check 檢討跟原本的目標差異，思考過如何調整及補上進度後，要再努力行動不間斷，繼續往自己的夢想目標前進。

　　Dr.Selena 希望可以將人生至今所學的人生財富翻轉的心法，以最有系統、最有效率的方式一次整理出來，一書**《小資變有錢的超強執行法》**（學習養成版）＋一手冊**《小資變有錢的超強執行法：100 天行動手冊》**（實踐行動版），幫助大家養成習慣，最終希望有祝大家成功翻轉財富及人生！

● 使用步驟

　　step 1　請你花時間閱讀《小資變有錢的超強執行法》這一本書。

　　step 2　看完《小資變有錢的超強執行法》，請你開始使用《小資變有錢的超強執行法：100 天行動手冊》，請按照手冊上的行動指南記錄你的每一天！

PS. 隨書附贈的《小資變有錢的超強執行法：100 天行動手冊》，而電子版於 Dr. Selena 官網。
www.selena.com.tw 提供參考

目 錄

Chapter

每個人都能
靠自己變好命

人生只會苦一陣子，不會苦一輩子

致富或是貧窮的命運，不是由你的出身而定，而是由你的行動力而定。

二〇二一年過年期間，吃完豐盛的年夜飯後，深夜躺在溫暖的被窩，看著新佈置好的房間及更衣室，真心覺得現在的生活好幸福，有一種人生苦盡甘來的感覺。這時會特別想念在天堂的奶奶，也想起小時候在九份的那些新年回憶。

從小媽媽為了撫養三個年幼小孩，只好把我們三個小女孩託給九份的外婆，那時候每天生活過得很清苦。印象中三餐最常吃的就是地瓜稀飯，配上奶奶自己去山上採的野菜或豆腐，一年三百六十五天很難有吃到大魚大肉的機會，大概只有每年過新年的時候，可以有機會吃到雞肉或豬肉，也才難得能穿上漂亮的新衣。

從小到大每次隔壁的小孩，他們的父母買了漂亮衣服或玩具給他們時，我的內心總是羨慕不已。我常疑惑問奶奶為什麼我們同樣 6 歲小孩，但為什麼隔壁的小孩可以過比較幸福的人生，有疼愛他們的父母、有較好的物質生活。

我的奶奶總是回答我說：「可能隔壁的小孩前輩子，做了比較多善事或好事，所以這輩子投胎後命比較好。」但奶奶說上

輩子的所做所為你改變不了，就好好努力改變這一輩子的命運，奶奶說她相信只要我努力好好念書，長大後就有機會翻轉自己的命運及未來。

奶奶還常說：「沒嚐過苦的人生，就不會體會人生的甜。人生只會苦一陣子，不會苦一輩子。」奶奶的一番話讓我印象非常深刻，也把它放在小小心中。人們雖然不能選擇自己的出生，但努力一定有機會可以改變自己的人生。

後來我把人生每一個夢想，都當成我努力往前的動力，沒有因為出身清寒而自怨自哀或自暴自棄。最後也沒想到一個十歲時連鋼琴都沒辦法學的小女孩，可以成功實現人生設定的所有夢想：包含了學鋼琴、去英國念碩士、買房、拿到博士學位、出書（人生第七本書）、在偏鄉學校設立獎學金、成功環遊世界超過六十國。

這一切一切都是因為我始終相信，每一個人雖然不能選擇自己的出身，但只要努力改變一定可以成功翻轉人生，擁有更美好的人生及幸福未來。

因為沒有富爸爸，那就變成自己的富爸爸，

如果沒有金湯匙，那就生出自己的金湯匙！

好好相信自己，努力學習好投資理財，有一天你一定可以靠自己豐富的理財知識，變身千萬富家女或富家子！出生貧窮雖然會讓你經歷一段非常辛苦及心酸的艱辛歲月，但只要你認真看完這本書，按照書中建議的方式，一百天每天按照《小資變有錢的超強執行法：100 天的行動手冊》的使用步驟，好好培養你的**夢想力 X 執行力 X 致富力**，相信一百天後你一定會發現你已經變成一個更好的自己！人生的軌跡也已經往更好的方向前進一大步，甚至有機會在不久的將來，可以成功翻轉你的人生及財富，擁有更美好的人生及未來！

命運操之在己：人生財富完全翻轉秘密！

樂觀者認為命運是掌握在自己手中的，而悲觀者認為命運是由上天註定安排的……

法國哲學家蒙田說：「命運不會使我們幸或不幸，它只是提供材料和種子而已。」

一直覺得命運本身沒有好壞，就看每一個人選擇怎麼面對自己的人生及命運。古人說：「命由天生，運由己生」，意思是我們的「命」是與生俱來的，「命」就是你天生註定的，比如你的長相、你的家庭背景、你的家人、你的國籍、你的性別等等，這些是命，是你出生後就註定的事實，比如說如果你出生在有錢人家，跟出生在窮人家，可能在受教育栽培的資源上就會好許多。

而「運」則是一個人一生的歷程，這句話告訴我們，自己能把握的是運，自己的人生道路能由自己決定，我們與生俱來的天分和條件雖然看似無法改變，但透過後天的努力及調整還是有機會改變翻轉的。

作家汪采晴曾形容：通常樂觀的人會說，人生沒有悲觀的權利，因為每天太陽一樣升起，日子一分一秒都在生命恆河中慢慢的流逝，即使拿到的是一把又醜又小的種子，即使在荒地裡

只要每天有充足的陽光、空氣和水和不間斷的愛心澆灌，它沒有不長大熟成結果的道理。

而相反的悲觀的人往往會放大命運中現實種種的不足及欠缺的條件及資源，認為自己一生的苦沒有人可以懂，一出生更沒有別人所擁有的成功特質及條件，這一切都是自己歹命來操弄。

但人生不應該是這樣的；仔細想想，我們每個人都握有自己人生的某些主導權，只是有時我們長期習慣生活在別人的價值觀及眼光中裡，也安於在這種保護傘下來決定要面對或逃避每一次自己可以選擇及改變命運的機會；因為這樣即使人生失敗了，也還有藉口來安慰自己，都是老天爺或某某某的錯。

但其實每個人至少 30%-50% 的命運是掌握在自己的手中，人生的劇本走向其實是自己努力創造出及改變的。就像 Dr.Selena 雖然一出生拿到單親貧窮的人生劇本，但可以靠著努力學習變成博士，有機會實現人生所有夢想並成功翻轉人生！

所以如果一個人在人生中遇到一點點困難及挑戰就選擇輕易放棄的話，那他的命運就真的是被上天安排的，反之如果一個人不怕困難，自己努力去創造自己美好的未來生活，那他的未來一定是光明及燦爛的！

記住了如果你覺得自己出生命不好，想要改變及翻轉命運，你就得比別人付出更大，雖然努力付出了不一定能改變，但是如果你不努力付出，一輩子都不可能有機會改變！

　　⇨　因為你『只管全力以赴，上天即使沒有給你想要的，也一定會給你更好的未來及人生！』

複利效應：時間不會辜負每一個努力付出的人

人生最神奇的複利效應：一點點小小改變，人生大大不同

　　出身清寒的單親家庭，從小在物質生活上一直是非常匱乏的，奶奶為了方便照顧我們，常將我們三個小孫女的頭髮剪成櫻桃小丸子看起來醜醜的西瓜皮髮型，穿著也是姊姊們剩下的舊衣服，小學時轉到台北的國小後，總是非常羨慕隔壁班的蔡同學，留著一頭漂亮的長髮，頭上綁了粉粉的公主蝴蝶結，每天都穿著漂亮的小洋裝及發亮的小皮鞋，還有個當音樂老師的媽媽每天教她彈鋼琴及拉小提琴。

　　我常在思考為何同樣是十歲小女孩，兩人的命運卻大不相同，好奇的問我奶奶，奶奶總是說可能蔡同學前輩子有做比較多的善事，所以她投胎在優渥的家庭，這一個觀點其實也是佛道宗教基本上的概念，每個人的前世因後世果循環。

　　但是我一直在想難道人生的命運完全都是已經註定好的，不能靠後天努力去改變嗎？這個困惑一直放在當時那個十歲小女孩的心中，平日就喜愛待在圖書館一整天的我，開始試著從書中找到一些人生命運改變及翻轉的關鍵答案。

那時候可以閱讀許多偉人的傳記故事是最開心的事，而印象最深刻的就是看了愛迪生傳後對他不屈不饒的發明家精神，從小愛迪生被誤認為低能兒童，還好他的媽媽相信從來沒有放棄他，也相信他的能力。最後愛迪生從火車上的賣報童最後創造許多改變全世界的重要發明，讓這世界一片光亮，舉凡自動電報機、電話的改良等等。愛迪生發明之路並不順遂也曾面臨競爭和快要破產的壓力，樂天的他每每跌倒就重新爬起來，不眠不休、廢寢忘食的努力不懈，拍拍身上的灰塵繼續往前走，最後被世人譽為發明大王，贏得後人對愛迪生的無比尊敬！

　　愛迪生的故事給了年幼的我很多的啟發及信心，原來人生成功的第一要訣，不是靠聰明及天分，而是努力去實現你的夢想。當你堅持追求夢想不輕易放棄，一定有機會實現夢想，甚至改變你的未來，最後你會發現你跟這個世界原來都存在著無限可能。

　　當下我覺得如果愛迪生一個看似貧窮低能的小孩也能靠努力翻轉人生，那我楊倩琳雖然無法成為偉大的科學家，但我一定可以成為更好的人，擁有更美好的未來及人生！

　　而真正讓我發現人可以改變命運的神秘力量是我十八歲要考大學聯考那一年。

　　我高中念的是高職，每天下課後要去打工兼差，所以高職三年的期間成績沒有特別好，在高三那一年許多同學都在思考著

未來，很多人打算去報考大學，但是因為高中跟高職念的課本基本上是差非常多的，所以大家都需要花很多時間去補習班補習，印象很深刻的是有一次下課後跟幾個同學一起去吃麵，當時大家也是在討論是否要考大學，我也順著回答我也想考大學，其中一個李同學當著大家的面否定的說：「楊倩琳你一定考不上大學。」那時聽了內心好憤怒，覺得李同學非常看不起我，回到家後寫日記時把這一段遭遇寫了進去，在心中大大發誓明年我一定要考上大學給這位李同學跌破眼鏡。

那一年應該是我人生最大的轉淚點，為了考上大學我做了很多的努力及改變，多年之後才發現原來在我十八歲那年已經開始應用人生執行力的方法了，只是當時不知道這個神奇的人生財富翻轉黃金公式，居然可以在我準備大學聯考的一年中，徹底改變我的人生，翻轉我的人生及未來，讓我從一個清寒單親的小女孩，順利的提前完成人生六大夢想！

◎六個人生夢想

夢想	實際夢想完成進度
1. 考上大學	全班第一名考上大學
2. 拿到博士學位	2013 年拿到上海財經大學博士（全班中港臺 20 多位同學只有 6 位拿到博士學位）
3. 出書	個人出版 7 本投資理財相關書籍

夢想	實際夢想完成進度
4. 在偏鄉學校設立獎學金	在松山家商及其他偏鄉小學設有楊倩琳夢想獎學金
5. 環遊世界	2019 年底完成環遊世界 60 國夢想
6. 2020 年過真正想過的人生	2020 年從職場退休，開始第二人生（全心投入小資理財推廣教育當作人生志業）

人生財富翻轉黃金公式 ＝ 夢想力 × 執行力 × 致富力

Dr.Selena 從十八歲時開始應用這個「人生財富翻轉黃金公式」，用一年的時間來完成高職生考上大學的夢想！

DPDCA（人生複利效應公式）＝夢想力 × 執行力

方法	執行方式
Dream（夢想目標）	一年後考上大學。
Plan（計劃）	365 天把所有的課本及講義讀過三遍以上。（365 天魔鬼 K 書計劃）
Do（行動）	每天確實執行我的 365 天 K 書計劃，每天按照功課表按表操課。
Check（檢視）	1. 每天睡前檢查與目標計劃的落差（如果落後隔天補上）。 2. 每週查看計劃及進度的成果。 3. 每月檢討，是否往期待的目標及結果前進。

方法	執行方式
Act Again（持續行動）	能夠持續不放棄的持續執行 365 天魔鬼 K 書計劃，確保一年後順利地考上大學。

《複利效應》這本暢銷書作者戴倫·哈迪，他也曾提出一個有用的公式來使我們生活中得到更好和更有力的回報。

 正確的小決定＋行動＋時間＝巨大的結果

書中想帶出複利效應是指通過一連串微小而正確的行為，使人生當中獲得巨大的結果。

首先，我們要訂立清晰的未來夢想目標，然後把這個大目標分開成每月、每週、每天的行動，使自己可以去完成這個目標，為將來的人生帶來更好的結果。

我們舉一些例子讓大家明白：

（一）學業上

大目標：一年後考上大學

小的行動：每天都要念 10 小時以上的書，按照每天計劃的功課表讀完所有的講義或參考書。

帶來的結果：一年 365 天每天持之以恆，第一次補習班模

擬考就拿到全班第一名（300 個同學中），
一年後成功地考上大學（也是全班第一
名）。

（二）投資理財上

大的目標：小資女想在 5~10 年內成為百萬富翁。

小的行動：每月定期定額存 1 萬元股票或ＥＴＦ。

帶來的結果：一年儲蓄到 12 萬股票及 ETF，10 年便是
120 萬（如果你買到的是好的股票或 ETF，
加上每天的複利成長，應該不不到 10 年便
可完成成為百萬富翁這個目標。）

所以愛因斯坦說：「複利是世界的第八大奇蹟。」巴菲特
也表示，他正是透過複利效應讓他成為一位成功的投資人。

為了讓大家可以更清楚的實踐應用，Dr.Selena 把 Darren
Hardy 的這個公式「正確的小決定＋行動＋時間＝巨大的結果」
改良成「ＤＰＤＣＡ」的人生複利公式，因為覺得更簡單明瞭，
也可以易於應用到我們每個人生活上不用層面，例如家庭、工
作、健康、投資理財上等等。

我們每天吃什麼？想什麼？做什麼？看什麼？與什麼人相處？

花時間努力在什麼地方等，都會使你未來的人生帶來不一樣的結果及命運。

無論是好的思維、行為、習慣、甚至是環境或交友的選擇，只要每天努力改變一點點，在人生複利效應下，終將產生意想不到的變化。這一切的選擇都來自於我們自己，我們擁有人生的自主權能夠去改變常年不滿意的人生。

最想要改變人生命運創造有機會翻轉人生財富或成功，那最重要的就要先改變我們每天正在做的事和每天的思維習慣，做好每天的各種大小決定及計劃。因為，每天做的事形成了今天的我們，也決定了明天你會變成什麼樣的人。

舉例來說，以 A、B、C 三種人，簡單代表社會縮影。

A：滿足於今天，沒有什麼夢想目標，順其自然每天隨遇而安。

B：有清楚地未來夢想目標，定時看書、運動、學習投資理財，耐心節制偷懶的想法，努力朝夢想目標前進，以實現自己所設定的夢想目標。

C：每天吃炸鹽酥雞或珍奶，看韓劇、玩手遊，非常滿足於現況，追求即時行樂。

以上三種人，在之後的六天，六個月，我們未必會即時見到很大的成效，但六年甚至十年後，你每天日積月累的「小小改變＋小小進步」，會為你帶來不一樣的巨大改變及效應。

因為有個公式是這樣的：（1 ＋ 0.1）的 365 次方和（1 － 0.1）

的 365 次方的差別，意味著每天進步 0.1 和每天退步 0.1 在一年後的差異，兩者的結果也相當驚人。

（1+0.1）的 365 次方會變成 37.8，但（1-0.1）的 365 次方卻是 0.03，也就是每天進步 0.1，一年後就增長了近 38 倍，但每天退步 0.1 結果卻是趨近於 0。所以我們不要小看那些每天看似無關緊要的小小選擇，這些小小的改變在每天持之以恆後，足以成為人生財富翻轉成功的重要關鍵。

$$1.01^{365} = 37.8$$
$$0.99^{365} = 0.03$$

總結一下，「正確的小決定 + 行動 + 時間 = 巨大的結果」。夢想目標可能人人都有，但決定最終命運結果的不同往往不是目標大與小、遠大與不遠大的分別，而是在於二者有沒有做好計劃並開始採取行動，有沒有持續堅持去做，這也是複利效應能否對人生命運產生巨大成果的重要關鍵點。

人生若是選擇了懶散，就無法獲得自己滿意的成就；人生若是選擇了舒適安逸，就無法獲得別人給予的尊敬的態度；人生若想要成功的榮耀，就得捨棄自己現在的舒適圈，去努力拼搏。

在接下來的章節 Dr.Selena 會一步一步說明，告訴你如何學習應用人生財富翻轉黃金公式，進而改變翻轉你的人生及未來！

2
Chapter

夢想是你人生
前進的力量

Dream Big，Big Dream：人因夢想而變偉大

一開始，夢想都會看似絕對不可能實現，再來，你會不相信這會是真的，最後最後，夢想不會再只是夢想，它會變成必然發生的一件事。——克里斯多福李維

之前接受電視新聞媒體專訪時記者問了我一個問題，她問：「請問 Dr.Selena 是不是您小時候辛苦成長過程促成妳比別人更努力往上爬，最後才能成功翻轉你的人生！這樣的話，小時候的過程，反而是另一種美好的祝福了？」

記者的發問讓兒時回憶湧上心頭。記得在我升小學一年級的時候，媽媽經過多年日夜辛苦打拼，終於努力買了一間在萬華的小公寓，也把我們三個小孩及外婆一起接到台北，全家總算可以團圓在一起生活。但過不久後大舅生了大兒子後，喜得長孫的外婆離開我們，搬去大舅家照顧她的孫子，之後的日子我們只能學會自己照顧自己。

媽媽每天都要辛苦上夜班，所以年紀小小的我們每天要自己帶便當，有時冰箱沒有什麼食物，只能煎一顆荷包蛋放在便當或是帶小饅頭，那時很怕中午吃便當時被同學看到被嘲笑，有時會一個人拿著便當去偏僻的校園，一個人獨自吃著只有一顆荷包蛋的便當。還好那時跟我們分租房間的老榮民周伯伯發

現了三個小女孩吃的粗陋，好心的周伯伯常會煮好吃的紅燒肉及水餃給我們的便當加菜，那時覺得周伯伯做的紅燒肉及水餃，是全世界最好吃的美食。

孤身一人在台灣的周伯伯，或許把我們三個小女孩當成自己的孫女般疼愛。也因為在我們最辛苦的成長過程中，有著周伯伯及許多人的照顧，所以我們的內心充滿著許多的愛及溫暖，也才能順利平安的健康長大，這是從小藏在我心中的一個小小故事，這麼多年我還是非常想念在天堂的周伯伯。

因為自己走過那段艱辛的兒時歲月，現在的我靠著學習投資理財知識，可以過著自己想過的生活方式，也才能實現人生所有的夢想。而對於周伯伯小時候對我們的愛及照顧，現在已經無法回報他了，但我想用更好的方式感謝及紀念周伯伯，希望能將自己學會的投資理財知識分享出來，幫助更多生活辛苦的人或單親媽媽們，可以學會投資理財增加被動收入，有機會讓自己及所愛的人過好一點的生活，擁有更美好的人生及未來。

這是我一直以來的夢想：希望大家都能學會投資理財，每一個人都可以靠投資理財增加收入，可以有機會讓自己及所愛的人過好一點的生活，擁有美好的人生及未來，可以成功翻轉人生及財富。

為了實現這個夢想，這麼多年我一直努力不放棄著實現我的小資財商夢想藍圖！

人生最精彩的不是完成夢想，而是堅持走 在夢想的道路上

> 多數人都擁有自己不了解的能力和機會，都有可能做到未曾夢想的事情。——戴爾·卡耐基

從小在教會長大的我，每週日會上兒童主日學。小時候常愛跟牧師抱怨說上帝很不公平，我曾困惑的問牧師為什麼我們一樣出身為人，但為什麼隔壁的小孩含著金湯匙出生，可以過比較幸福的人生，有疼愛他們的父母、有較好的物質生活條件，而有些人卻連父母都沒有連住的地方都沒有了？牧師說神愛世人，有時人生很多安排當下看起來不公平，但上帝一定都有最美好的安排及祝福在之後，牧師常說上帝也非常公平的給了每人兩樣東西，這是每個人都能擁有的。我好奇的問牧師是什麼？

牧師說這二樣東西，一是時間，二是夢想。

牧師說上帝很公平的是給大家都擁有每一天二十四小時／一千四百四十分鐘，不管世上的窮人或富人都一樣擁有一天二十四小時，就看每個人如何充分有效利用時間。另外，上帝也給大家勇敢追求夢想的機會及權力，每個人一生可以擁有許多大大小小的夢想，然後盡力去實現心中所有的夢想。

雖然這世界上每個人一天都一樣擁有二十四小時，為什麼有些人可以過著夢想的生活，但大多數的人卻只能在夢想與現實之間掙扎呢？有更多的人甚至早就已經向殘酷的現實低頭，那些曾經有過的夢想，現在連想都不敢想了。

　　有沒有想過你的未來夢想是什麼呢？是想要變有錢擁有千萬以上財富？想要環遊世界五十國以上？想要買房買車？這世上為什麼有些人可以過著他們夢想的生活，但大多數的人卻只能在夢想與現實之間拚命掙扎呢？

　　擔任企業高階主管多年期間，我常在面試求職者時問這個問題，但真的能馬上說出自己夢想的人卻不多，有些人甚至還會被我嚇到，說他們從來沒有認真地想過這個問題。

　　而對於那些少數能夠直接說出自己的人生夢想的求職者，我會接著問說：「那你有想要在幾歲前完成你的夢想？你想要在未來三到五年達到什麼樣的夢想目標？或是你想要在幾歲時坐上哪個職位？」但往往能具體說出詳細夢想目標及時間的人，就更是少之有少。

　　之前開英國同學會，我的同學跟我說 Selena 十多年前妳在英國念書跟我們說的未來夢想，每一個都實現了。被同學那樣提醒，仔細回想，好像人生所有的夢想都實現了，我那時希望，將來拿到博士學位、出書、環遊世界五十國以上，設立自己名字的獎學金……。沒想到在這十多年我人生所有夢想都能一一

實現了。

　　但在追求每一個夢想實現的過程其實都不是太容易的，因為為了達成每一個夢想都需要犧牲很多。其中最多的應該是假日別人在休息時，常常要從早到晚寫論文或寫書不能好好休息。有時寫得很累或是發高燒生病的時候也會動了放棄的念頭，好想偷懶不寫了。但這時又想到前面努力那麼久了，就不甘心這樣輕易放棄，所以一咬牙又撐了下去，最後終於將自己設定的夢想一一實現了。

　　在人生數十年努力追求夢想的過程中，我發現了一個驚人的秘密，那就是不要設限你的人生及你的夢想，你永遠比你想像的還要棒有潛力！所以 Dream Big, Big Dream. 勇敢作夢，勇敢追夢！

　　有些人說自己心中沒有什麼夢想，但這些人並不是一開始就沒有夢想，任何人起初都會有這樣那樣的夢想，只是在設定人生的某個目標時對於夢想與現實的巨大落差產生恐懼，於是放棄了自己的夢想而已。

　　每個人從小到大都曾經擁有許多夢想，可是隨著時間不停的流逝，夢想卻漸漸的被丟棄或荒廢了，最後那些夢想只能存在夢中！很多時候我們為什麼羨慕或嫉妒別人的美好人生？正是因為知道努力持續完成夢想並不容易，但自己又不願意以行動堅持下去，然後又對自己的懶惰和拖延產生巨大的憤怒，只能

靠嫉妒或羨慕來平衡內心。而那些能勇敢實現人生夢想的人，未必比你我聰明，也未必比你我勤奮。但差別在於他們卻有著比一般人都更強的行動力和執行力！

　人生夢想的實踐過程不是一蹴而就的，它是在不斷的嘗試和失敗中一點一滴達成的。人們在不斷的挫折跌倒中慢慢發現自己真正的夢想。不論年齡多少，放棄夢想都是為時過早。聽從自己內心的聲音，做內心想追求的夢，找到夢想的重要方法之一是請遵從內心的喜好。把自己渴望的每個瞬間記在心裡，努力讓它們變得清晰，再想方設法讓它們變成人生真的可以實現的夢想。

你滿意你現在的人生？給你的人生打幾分？

你最願意做的那件事，才是你真正的天賦所在！

──摩西奶奶

每天清晨醒來後，你就必須過著朝九晚五忙碌的工作，同時又忙於照顧小孩或是家事，蠟燭兩頭燒，生活的負擔壓得你喘不過氣。但這樣一成不變的生活是你想要的嗎？

你滿意自己的人生及生活嗎？我時常無時無刻這樣問自己。

你想要終生都羨慕著別人的人生，卻對自己的人生不甚滿意嗎？

如果我們的人生如果能打分數，那你給現在的自己打幾分？如果人生是一場考試，考多少分才算合格？

◎進行你的人生總盤點，幫助你更了解自己，找到自己真正的夢想！

你的人生檢討表

圓滿人生 重要項目	你的分數 （0-100）	你的理想 狀況	你的實際 狀況	如何改善
工作 / 事業				

圓滿人生 重要項目	你的分數 （0-100）	你的理想 狀況	你的實際 狀況	如何改善
金錢財富				
親密關係				
社交朋友關係				
健康				
學習技能				
你的人生執行力				

　　將以下五個人生問題寫在紙上，藉由詢問內心的真正答案，找出符合自己的人生夢想藍圖。這幾個問題，或許可以幫助你更了解自己：

思考問題	你的內心答案
問題 1 回顧自己的人生，你現在最不滿足的事物為何？或者是你想要改變什麼事情？	
問題 2 如果你現在財富自由完全不用再為金錢煩惱的話，你會最想要去做些什麼事？	
問題 3 如果有絕對不會失敗的強力保證，你人生最想要勇敢去嘗試什麼？	

問題 4	
如果你可以過著如你所夢想的人生，你想要選擇過怎樣的人生？	
問題 5	
你平常會感到開心而會自己動手做的事情為何？（不是為了討好他人或追求金錢，只是因為單純感到開心而做的事情是？）	

被問到夢想目標是什麼時，很多人常不假思索的回答「功成名就」、「賺很多錢」或是「受人景仰」。但如果完成這件事之後，馬上就要結束生命也不後悔，這就是你真正企盼的夢想。

我們每一個的人生就像是一列永不回頭的火車，正因為人生無法重新來過，所以每一天都顯得格外珍貴，每一刻都不應浪費在你不喜歡的人或事情上。現在人生所做的一切都是為了不要讓年老的自己後悔，但是這也真的需要極大的夢想力，行動力與執行力。

「人生只有一次，你想擁有什麼樣的人生或想成為怎樣的人？」唯有去探索潛藏在內心深處，平常沒有察覺的「真正夢想」，才能迎向不遺憾的生命終點。

夢是一種欲望，想是一種行動

　　沒有一顆心會因為追求夢想而受傷，當你真心想要某樣東西時，整個宇宙都會聯合起來幫你完成。

　　當有人問起：「你未來想做什麼？」、「你夢想是什麼？」的時候，你能夠馬上給出一個具體的答案嗎？

　　或許你不知道自己喜歡做什麼、不知道自己適合做什麼、不知道自己現在到底是為了什麼而奮鬥、更不清楚未來要達到什麼樣的生活狀態。在這樣的情況下，你感覺自己的人生沒有方向，眼前猶如灰濛濛的霧遮住了去路，失去了指明燈。

　　你說你的夢想是希望將來能變有錢可以提早財富自己，贏回人生的選擇權！但你有在下班後有認真去學習投資理財嗎？或是你有在週末的時候去參加業務銷售的研習班嗎？沒有行動就是沒有行動，不管一個人怎麼說自己的夢想有多大，都無法改變他沒有對夢想、對目標採取行動的事實。而這也是他會逐漸放棄自己夢想的原因

　　其實我們每個人年輕的時候都有夢想，可是通過時間的流逝，夢想卻漸漸荒廢，最後只存在於夢裡。而那些能夠實現理想的人，未必比你我聰明，也未必比你我勤奮，但他們卻往往擁有比你我更強的行動力及執行力。

有人說，一個人的想法是 0，執行力是 1，那從 0 到 1，就是最關鍵的一步。因為沒有這一步，你永遠是 0，而一旦你走出這一步，你才可能從 1 到 10，從 10 到 100。

　　人生的夢想及目標，一開始也始於思想，當你達成夢想及目標後，這些腦中想法都將成為現實。一旦真正了解自己後，你會做出最適合自己選擇，無論是工作、生活、興趣、甚至是伴侶。

你的夢想最好的開始時間，永遠就是現在
開始行動！

你的時間有限，不要浪費它去過不屬於你的人生。——賈伯斯

曾經在網路上看到一篇文章，來自澳洲的安寧照護中心護理師 Bronnie Ware，在過去陪伴病患度過人生最後的生命旅程時，她記錄了病人最常感到後悔的五件事，第一件讓人最後悔的事情就是：

「我希望當初我有勇氣過自己真正想要的生活，而不是別人希望我過的生活。」（I wish I'd had the courage to live a life true to myself，not the life others expected of me.）

當我們意識生命其實是有限度的，更能看清過往我們錯過了多少想做的事情，放棄了多少夢想或目標。曾經你想要的生活方式、工作模式、另一半，我們都因為別人說「這樣太理想化很不切實際」、「這是不可能做到的」而放棄，為了不想被當作異類，我們選擇妥協和大多數人一樣，為了滿足別人對自己的期望，我們選擇忽略了內心真正想要的生活，但是你知道嗎，最讓人感到後悔的往往是那些我們沒做的事情或來不及實現的夢想。

人生只有一次，我們應該為自己而活，找到自己真正認為有

意思的事情。最後，將《牧羊少年奇幻之旅》書中的一段話推薦給大家：

「只要你真心渴望一樣東西，就放手去做，因為渴望是源自於天地之心；因為那就是你來到這世間的任務。」

我們的夢想一般來說是一個沒有行動計劃的美好想法，而目標則是明確的、需要量化的、也有期限的。比如一個人的夢想是希望可以爬台灣百岳，但除非他開始採取計劃與行動，規律的執行爬山訓練運動計劃，否則不會有任何事情發生的，夢想就只是個腦中幻想或空想。

因此當你心中有個非得完成的未來夢想時，你必須要將這個夢想具體量化成為一個可實現的目標，然後將它分解成長期目標，再將長期目標分解為幾個中期目標，再分解為幾個短期目標，從年、月、週，最後分解到每天具體要做些什麼事情上。

時間	計畫	檢討
年底	做下一年的夢想計畫	做今年的夢想計畫達成率檢討
每月初	思考計畫這個月的目標及計畫	檢討上個目標及計畫達成率檢討
每週末	思考計畫這週的目標及計畫	檢討上週目標及計畫達成率檢討
每一天睡覺前	思考計畫明天的目標及計畫	檢討昨天的目標及計畫達成率檢討

當你夢想未來要成為一個知名作家時，當你決定要開始採取

行動的時候，這個「成為一個作家」的夢想，就從一個模糊的概念，變成了一個長期努力追求的目標。中期目標可能會是跟出版社簽約，而短期目標則可能會是在社群粉絲團持續發文，在一年內累積三千到一萬個粉絲或每天都要發佈一篇文章，而每天都要至少寫一千個字。

光有作家的夢想是不夠的，因為你沒有開始採取行動來讓把夢想轉化為目標，當作家的夢想就不會有機會實現的。

唯有先制定一個未來明確的夢想目標，你才會知道自己到底想做什麼、或每天需要做些什麼事情。就像你得先決定要去基隆海邊玩，你才會把車子開往去前往基隆的路上，否則你就會在馬路上亂逛，然後發現天都快黑了，自己還一直在原地踏步。

所以不管你心中有什麼夢想，想要完成什麼事情，不要等到對的時間出現，你的夢想最好的開始時間，永遠就是現在開始行動。

尋找自己內心真正夢想的四個心法

所有功成名就的人都有兩大特質：知道自己要什麼＋強烈的成功欲望。

假如你的人生沒有任何限制，你最想做什麼或擁有什麼？如果你有花不完的財富，用不完的時間，那麼你想做什麼？去哪裡？跟誰一起共度生活？

例如，你獨得了十億的大樂透，那你想把那些錢花在哪裡？想用那些錢做什麼事？

舉例來說，我的答案可能會是，想要和家人或好友一起到世界各地去旅行或是 long stay、在歐洲擁有近海別墅、成立慈善基金會固定資助兒童或是單親媽媽等相關團體。

試著把你的答案寫下來。看看這些答案中所提到的人、事物、地點等等，都可以成為你人生夢想目標的一部分，因為它們都是你最愛的或是看重的，認為有最有意義的事。

「不知道自己真正的夢想是什麼？」是一個人生自我追求的過程，你必然從尋找夢想中獲得什麼而有所改變，你不需要突然來個大轉變，只需要好好檢視目前的生活，從小事物開始一步一步地觀察及改變，改變必須是循序漸進地，你才會慢慢體

悟到什麼適合自己，什麼才是最重要的。

如果你還找不到你的人生夢想目標，現在就開始跟著下面的步驟，「想想」你的人生未來夢想目標，並且把所設下的夢想及目標一個一個地實現吧！

接下來會一步一步教你找到人生夢想，看完之後你會發現有夢想及目標後的人生不再迷茫。

尋找自己內心真正夢想的四個心法：

心法一：什麼是你最想擁有的事情？

想一想，你人生熱愛什麼？做什麼事情，能讓你覺得幸福及快樂？

寫下你願意花時間去做的事，可能涉及到個人生活、家庭、工作等各個方面。做這些事會讓你忘記了時間的存在。

寫作？畫畫？旅行？投資？財富自由？舉個例子，我喜歡旅行、研究投資理財。如果你想不到，可以想想最近做著的事情，讓你有什麼感覺？當做著的事讓你滿足，那這件事就是你所熱衷的，能帶給你快樂、興奮的感覺。

心法二：你想成為什麼樣的人？你最欣賞的人是誰？

想想看有哪些人是你佩服的、敬仰的、羨慕的。這些人可能是名人，也可能是你身邊的同事或朋友。把你想到的這些臉孔，寫下來。

再想想，你欣賞他們身上的什麼特質？你為什麼仰慕他們？從他身上，你學到什麼？把這些答案，一一列出。

你所欣賞或佩服的人，就是你的人生最佳的學習榜樣，你會深受他們的影響。當你把他們身上某些特質或待人處事的行為作為你的夢想目標，以後你就能夠成為你想像中未來最美好你的樣子。

人生重要思考題	你的答案
你想成為什麼樣的人？	
你夢想的人生？	
你的人生價值觀？	
你佩服的人是誰？	

接下來，你需要找個地方靜下心來，別讓自己受到打擾，最好獨處一至三個小時，開始練習以上這些「尋找人生夢想心法」，也積極尋找找到你的人生夢想。現在開始，試著讓心中的夢想引導你勇敢往前行吧！

思考人生夢想的方向	夢想舉例	你的夢想答案
想擁有什麼？	名車、房子	
想達成什麼成就？	想拿奧運金牌	
想挑戰什麼？	想挑戰爬百岳	
想為別人創造什麼？	為偏鄉小朋友創立慈善基金會	
想留下什麼給這世界？	西班牙高第的聖家堂（建築師高第想留下一座全球獨一無二的美麗教堂）	

心法三：未來幻想法

最後還可以利用未來幻想法，配合你之前回答的問題，找出你的人生夢想目標。

想象你自己已經七十至八十歲了，在回顧自己的一生時，覺得自己的生活過得很幸福，有意義，很滿意。想像一下這樣的生活的一些細節，然後逐步倒退。這樣能確定從現在七十至八十歲，你需要做哪些事情，才能在未來過上你想像中的夢想生活。

這個時候，你可以畫出一個很長的時間軸，綜合你之前回答的三個問題，以及這個倒退的方法，來找出你的人生目標。

舉個例子，想像自己七十至八十歲歲了，已退休在家中安享晚年，擁有一些房產及股票，可以每年領六十萬的房租及股利，已經達成環遊世界五十國夢想目標。

　　通過這個想像，你可以知道，你希望擁有「家庭」，累積一定數量的「投資型房地產＆股息」，並且已經完成了環遊世界的夢想。

　　在你的時間軸上，你就可以計劃：你在二十五歲時就要開始學習投資理財、在四十歲左右已經擁有幾間房子、五十歲前達到財務自由、六十歲完成環遊世界五十國。

　　有了大夢想藍圖後，你就可以把之前三道問題填入時間軸，讓你知道在幾歲的時候，你要達到一個什麼樣的狀態。而這些，就是你的未來人生目標了。

年齡	夢想
25	開始學習投資理財
35	擁有第一間房子
45	擁有第二間房子
50	存到足夠退休金，財富自由
60	完成環遊世界的夢想

心法四：試著將你的夢想「具體化」變成你的未來夢想藍圖

一個夢想清楚、欲望強烈且炙熱的人，總是勝過最善於執行，卻沒有清楚夢想目標的人。

有些人也許會說：我就是不知道自己想要什麼、或還能做什麼，才會什麼都沒做啊！其實，夢想通常不是憑空生出來的，也需要透過一些練習與計劃，才能找出心中的想望。

想要實現人生未來夢想及目標，重要的不是與他人的對話或跟他人比較，而是與「自己的內心」的一次一次不間斷進行深度對話。只要是你敢生動想像、熱切渴望、由衷相信，並且熱情去做的夢想或事情，在不久的將來必將發生。這世上成就較高的人，全部是因為他們清楚描繪、規劃出自己的夢想藍圖。

大部分的人夢想總是僅止於夢想，其中一個很大原因是人們會讓夢想停留在模稜兩可的階段。如果你無法具體回答出自己的內心真正的夢想是什麼，在目標不清不楚的情況下，也就沒辦法努力去實現了。

即便只是一句「我將來想變成有錢人」，這世上每個人的欲望及認知都不盡相同，意外的是很多人可能都無法具體描述出來。這就像是沒有地圖的盲目航行一樣，根本不知道該朝什麼方向前進。

要將變有錢（存錢）目標具體化：要想變有錢的第一步，就是有具體的存錢目標，這個目標要跟自己的夢想息息相關，千萬不要為了數字而存錢，否則就像轉輪上的老鼠，工作、賺錢、工作，無法得到快樂及滿足！

當目標設定愈具體，將愈有機會提早達成：我要一個房子，這個目標有感覺但不夠具體，如果寫成，我希望住一間二十五至三十坪大，位在雙北市區的二至三房的房子，是不是就可以大致估算出一個預算？

健康	財富	社交	親密關係（愛情）
例：每週運動 3 次，每週喝飲料次數不超過 2 次。	例：今天投資報酬率 20％，總資產成長 10％。	例：參加一個跨領域組織，認識跨領域夥伴。	例：維繫感情：6/17 慶祝他生日。

家庭關係	效能提升	學習	工作／事業
例：每週回家吃飯 3 天。	例：減少干擾。	例：每週 2 天固定聽大大讀書、每週看一本書、每週一門線上課。	例：完成 1 本書寫作、錄製 1 門線上課。

這就是為什麼至少要完成以下的基本目標和計劃工作是很重要的：

1. 確定夢想目標

第一步是確定你的夢想目標。想想未來三至五年的生活。如果你能召喚未來的自己，問問他們你的生活是怎樣的，他們會告訴你什麼？或者更確切地說，你希望他們告訴你什麼？千萬記住，我們需要生活在現實世界中（不要夢想大樂透中彩券！），但要想想你真正希望的生活是什麼樣子。重要的是，目標必須是很真切的，並且能讓你感到非常渴望及興奮。

2. 做十二個月的計劃

一旦你知道了未來三至五年你的生活會是什麼樣子，那麼是時候進行第二步驟了：你可以為未來一年（十二個月）做計劃。看看你正在走的路，然後想想它是否適合你，夢想一條新道路可能會很有趣，甚至令人興奮。接下來是很重要的階段，包括找出在接下來的十二個月裡你每個月需要採取的步驟，以便開始建立你想走的路，或者開始接近你夢想的人生及生活。

能具體描繪出未來夢想的人便能夠明確舉出時間、地點、內容、方法及原因。試著運用文字讓自己實現夢想時的景色、情緒、感覺，彷彿你的所有夢想都可以歷歷在目般具體表現出來，這對於之後實現你人生所有的夢想有很大的幫助。盡可能地以文字具體表達自己的夢想，這對於後續的行為和思考會產生不可計量的影響。

實現你人生所有夢想當然不是一蹴可幾的事，只要每天透過潛意識在無意識中改變你平時的習慣及行為，不斷努力重複這些行為就能一天一天穩健切實地往你的夢想前進了。

所以為了將夢想化為現實，我們需要具體描述出夢想的內容。以下舉幾個簡單的例子：不要只是說「我想買房」，改說「我要在十年後存到三百萬元，買一家三房大概一千萬元的房子」，要設定一個明確的達成目標或終點。

◎你的未來夢想計劃 Dream List

編號（範例）	夢想	夢想目標	夢想預計完成時間	夢想達成所需金額	Person
1	環遊世界	50 國	2030	250 萬	和好友及家人
2	爬台灣百岳	100 座	2030	10 萬	登山社社員
3	買房	買一間三房約 1000 萬的房子	35 歲前	300 萬（頭期款）	家人
4	我想變有錢	在 50 歲錢存到 1500 萬元	2030	1500 萬	自己
5					
6					
7					
8					

編號 （範例）	夢想	夢想目標	夢想預計完成 時間	夢想達成 所需金額	Person
9					
10					

當你做好未來人生未來十至二十年的夢想計劃表後，接下來重要的是每一年每一年都設定好新一年的夢想目標計劃表，可以參考下表的表格，把每一年你想完成的夢想計劃一一填在表格中，然後接下來的每一個月就逐一的努力完成當年的夢想計劃！

◎每年全方位夢想目標計劃表

健康	財富	社交
親密關係（愛情）	你的＿＿＿＿年度 全方位夢想目標	家庭關係
旅遊目標	學習目標	工作／事業

Chapter

3

執行力對人生
成敗的重要性

人生執行力，才是拉開人與人差距的重要 關鍵

人生，是由每一個微小的決定所組成，每一天的小決策，將引領你邁向自己期望的人生，或是導致你走向不幸與失敗。

——戴倫·哈迪

你一直過著後悔的人生嗎？

發誓要早睡早起努力讀書，可滑完手機不經意間已經凌晨兩點；下定決心要存錢來實現自己微小的夢想，可每月照樣花錢如流水一點都不剩。總和別人談及自己的理想，卻從來沒有實現的動力。

以為這樣的人是少數，卻沒想到大多數都是這樣的人，你我以及身邊的人不少都是每天訂定夢想及目標，又每天都停留在嘴巴說說的層面。

終究是執行力太弱太差的緣故，時間久了，距離自然拉開。

在這個世界上我們想要的東西太多，但很少真正去實踐，我們常常都能找出許多冠冕堂皇的理由，而這些無非是為自己的懶惰尋找的藉口。

真正的人生執行力，不是一時衝動的決定，而是強有力的行動力和長久的堅持。

生活中有些事情並非個人所能決定，但是我們能控制自己每天的計劃、決定、行動、執行，可以選擇為自己的人生負責，這正是影響一個人是否能成功的主要關鍵，左右成敗的第一件事便是人生持續的執行力。

蘋果創辦人賈伯斯曾說：「當我還在大學裡時，不可能把這些點點滴滴預先串在一起，但是這在十年後回顧，就顯得非常清楚。所以你得相信，你現在所體會的一切，將來都會連接在一塊。」

人生執行力影響人生的成敗

> 時間會放大成功與失敗的差距，會將你餵養給他的東西加乘。
>
> ——詹姆斯 · 克利爾

很多時候，人的一生平庸或者卓越，都潛藏在我們日常生活中的選擇及行動中，最重要的不是你曾經想到過什麼，而是最後你做到了些什麼。

你曾發誓每天要早睡早起努力讀書，可滑完手機追完劇才發現已經凌晨兩點；你也曾下定決心要好好運動瘦身，卻總是做了一兩次就無疾而終；每年年底做好明年年度計劃，但過了一年許多年度計劃卻都落空；總和別人談及自己的許多夢想，卻從來沒有實現它們的動力。

有些人想到了，但是從來不去做；有些人去做了，但是無法堅持；有些人想到了，也努力去做了，也能持續下來，成功自然會到來。這差距其實就是人生執行力高低，隨著時間久了，距離自然拉開。

◎人生執行力的差距

夢想 ▶ 沒有行動

夢想 ▶ 開始行動 ▶ 遇到困難 ▶ 放棄

夢想 ▶ 開始行動 ▶ 遇到困難 ▶ 設法解決 ▶ 堅持下去 ▶ 達成夢想

在這個世界上我們想要的東西太多，但真正去努力去做的卻很少，很多時候我們都能找出冠冕堂皇的理由，而這些無非是為自己的懶惰尋找新的藉口。一個人能否獲得成功關鍵看他的人生執行力，一個人的人生執行力決定了他的人生高度。

人生執行力的大不同，人與人的差距自然就拉開了，從開始的差一點點到最後的天差地別，最後會讓你遺憾終身。

什麼是真正「人生執行力」？真正的執行力，不是一時的衝動，而是強有力的行動力和長久的堅持。想完成什麼目標或夢想，那麼就盡全力去做，在遇到挫折時依然不放棄，努力的堅持下來，終究會取得想要的成功。

無論怎樣，如果你真的打算做一件事，那麼就在付諸行動後每天努力的堅持，相信老天一定不會辜負你所有付出的努力，人生從來沒有白走的路，每一步都會累積。

人生執行力包含四大要素

　　每個人都在創造自己的人生，我們的人生不是生來就註定好的，而是掌握在我們的手上。

　　如果你想考上研究所，那就現在好好努力開始學習準備考試，只要堅持下來，就算第一年沒考上了，那麼還有明年，時間還有，就怕你不付諸行動。

　　如果你想減肥，那就少吃多運動，每天堅持下來，千萬不要只是嘴巴說說而已，因為時間久了，你就懶惰懈怠了，哪怕只是開始瘦掉一點點，那麼總有一天會有機會變瘦變美的時候。

　　想得到某件東西那麼就努力去做，在遇到挫折時依然不會退縮，努力的堅持下來，終究會取得想要的成功。因為想要成功的第一要訣，是努力的去執行。當你努力去執行了，一定有機會縮短與別人的差距，也一定會發現這個世界跟你都存在無限可能。

　　每個人都在創造自己的人生，我們的人生不是生來就註定好的，而是掌握在我們的手上，只要你願意改變，並且付出努力得到自己想要的，那一切最後終會成真。一個人的成功或失敗，絕不是因為他周遭處於什麼樣的環境，而是在於他每天所做的各種小小的計劃或決定，以及根據這個計劃或決定所拿出來的行動及執行力。

人的一生就像一張拼圖，我們到底花了多少心思與努力來拼湊自己的夢想藍圖，在夢想藍圖作品尚未完成之前，每一個人絕對都擁有改變我們人生格局及結局的能力。

只是奮發努力的過程難免辛苦，不放棄的實踐執行更是很難持續，於是乎人生的拼圖就停滯荒廢在某一個時期，隨著時間不同的流逝，原本好不容易拼湊上去的夢想小拼圖也一塊塊脫落，落得荒廢不堪、一事無成。最後，甚至失去了信心，迷失了人生方向，滿心期待的豐盛最後落空，只能要求自己懂得隨波逐流或是渾渾噩噩。

很多人常覺得自己還年輕來日方長，不是再看看就是等一下再說吧！但如果你現在都不願意勤勉前行，你能想像五年後或十年後的自己或是未來嗎？

每個人都想過得更好。如果對自己的生活不盡滿意，想要有全新的美好人生，夢想光是空想當然不可能成真，一定得實際開始行動及執行計劃。

其實很多時候我們的人生必須擁有一鼓作氣執行的精神，直接按下改變生命的按鈕，此時此刻就是著手的最佳時機，站著不動的話，真不懂到底是在等什麼？。

有句話說「時間才是創造生命靈魂的唯一好材料」，我們必須充分利用每一天，將計劃目標訂出完成的時間，否則最後一

定遙遙無期，透過實踐不許拖延賴皮，讓每一天都能完成我們生命中的夢想小拼圖，為自己的人生未來夢想藍圖增加信心，階段性的人生代表作才會有機會呈現在你的眼前！

什麼是真正的人生執行力？真正的人生執行力，不是一時衝動的決定，而是超強的行動力和長久的持久力。所謂人生執行力，就是能夠把夢想，計劃付諸行動的能力，還存在一個人是否清楚地定期檢視跟夢想的差距，並知道如何堅持一步一步地持續做下去！

人生執行力關鍵四大要素＝Plan（計劃）×Do（行動）×Check（檢視）×Act again（持續行動）

常常身邊親近的人聊各自的夢想，沒隔多久再碰面時，我會開心地分享之前聊到的夢想已經實踐，大家總是會驚訝的問我：「你怎麼那麼有效率？你的人生夢想執行力真的超強。你到底是如何做到的？」

隨著越來越多人問，我開始認真思考著這個問題：『我跟別人的差異點在那？』後來我從日常生活中慢慢觀察發現，原來我們只是差別在一個小地方，最後卻讓我們的人生命運有所不同。

因為，很多人在實現夢想過程的思維習慣是依照下面的流程步驟：

計劃（Plan）→ 檢視（Check）→ 調整（Adjust）→ 計劃（Plan）→ 檢視（Check）→ 調整（Adjust）→ 最後可能放棄

而或許我基於多年來持續習慣使用 PDCA 法則（Plan-Do-Check-Act 的簡稱），是我從高職生挑戰考大學那一年開始學會的法則，只前當時年紀小還不知道原來就是 PDCA 法則，直到 Dr.Selena 在大學學企業管理學到的一套 PDCA 檢驗流程，這才明白原來改變我命運的一套「人生夢想實踐流程」其實就是應用了 PDCA 法則。

PDCA（Plan-Do-Check-Act 的簡稱）由美國學者愛德華茲·戴明提出，因此也稱戴明環。是許多企業主管熟悉的管理工具，指的是透過規劃（plan）、實行（do）、檢查（check），及改善行動（action）的不斷循環，以持續改善工作和生活，達到更好的品質成果。

這個四步的循環一般用來提高產品品質和改善產品生產過程。「每天改善 1%，1 年強大 37 倍。」是日本樂天社長三木谷浩史的名言，這蘊含的簡單卻有深奧的道理即是每天持續改善的「PDCA 循環」。

當我 18 歲考大學聯考時開始每天應用 PDCA 法則時，計劃（Plan）完『365 天的考上大學魔鬼 K 書計畫』以後，每天第一件事情是先馬上行動按照計畫去做做看（Do），然後做完再定期檢查是否結果如預期目標發展（Check），如果大學模擬考不

如計劃目標預期的話再調整就好（Adjust & Act），回到重新修改或微調的計劃之中（Plan），一直重複以上步驟到一年後考上大學為止。沒想到就只是始用 PDCA 微小的思維習慣，每天一點一滴的改變，就能有機會實現人生所有的夢想目標、成功翻轉人生及未來。

當我開始使用 PDCA 法則後，我發現最大的轉變在於每天按表操課往考上大學夢想目標前進，沒有時間恐懼擔心自己是不是做得到（考上大學）。

一年後我以全班第一名的成績考上大學，實現我考上大學的夢想。從這個過程中我深深的體會到一件事情：人生沒有一開始就一定會成功 100% 完美的計劃，只有開始採取行動及認真執行了以後，才知道人生命運未來的劇本可以由自己改寫！

每個人心中都有許多大大小小的夢想，而我人生六大夢想之一就是『環遊世界 60 國以上』，從 20 多歲開始，我每年為了實現這個夢想，認真的應用 PDCA 法則（如下表），一年一步的往實現夢想前進，因此我還出過一本《月入 23K 也能環遊世界》，鼓勵大家只要懂得運用執行力，就能完成夢想。

經過每一年、每一年努力存錢投資存下旅費，一年、一年的按照計畫去我想旅遊的國家，一塊一塊把環遊世界拼圖拼上，最後終於在 2019 年可以完成環遊世界 60 國的夢想！下表就是我如何實踐這個夢想的表格：

◎應用 PDCA 法則實現環遊世界 60 國的夢想

Plan（計劃）	計劃環遊世界多少國→排列每一年想去的國家順序→選定那個國家開始→計劃好每一年旅遊的天數與假期→努力存錢投資
Do（行動）	每一年執行環遊世界旅行計劃：買好機票→訂好住宿→規劃旅遊行程→出發前往→努力實現每一年的旅遊夢想
Check（檢視）	每一年持續檢查還有哪些國家還沒有去？
Adjust&Act again（調整 & 持續）	是否需要調整環遊世界旅遊計劃順序及計劃下一趟旅程

翻轉人生命運之鑰：掌握人生執行力四大要素

夢想是動詞，如果只有夢想，沒有計劃及行動的話，那就只是你腦中的空想而已！

要素一：Plan／計劃

擁有成功的人生不是靠一天或兩天的努力就可以達成的，而是從你決定去做的那一刻起，能持續努力不放棄的累積，直到完成你心中的計劃。

每個人的人生藍圖都有它的軌跡，現在每天所經歷的事，未來將會格外清晰明白，老天爺很公平，一切努力都不會白費。細心回憶過往一點一滴的執行過程，成功與夢想的種子早在某個時刻就已經悄悄地種下了，我們唯有積極地運作拼湊才能讓它萌芽。

感謝自己面對一路上順境逆境出現的所有人事物，始終堅持不放棄，以足夠的勇氣及力量來支撐自己，以無比的熱情完成人生所有的大小夢想及計劃。人生執行力努力實踐到最後是──豐盛的收下最棒的人生改變，擁有更棒、更美好人生夢想藍圖。

夢想是動詞，如果只有夢想，沒有計劃及行動的話，那就只是你腦中的空想而已！

《孤獨星球》的作者曾經說過一句話，很多人都知道：當你決定旅行的時候，最難的一步已經邁出來了。可是，他還有後面一句，如果你第一步不邁出，永遠不知道你的夢想是多麼容易實現。

我經常會跟學生們說：「當你決定開始學習投資理財，是不是應該先買一本投資理財參考書籍先好好研究；當你決定開始參加馬拉松比賽時，是不是應該先準備一雙好的跑鞋；當你決定買房子時，是不是應該先開始積極存錢；當你決定完成爬百岳的夢想時，是不是要先從附近的登山步道開始鍛鍊自己的體力。」

因為如果我們不肯邁出第一步，就會發現，那夢想距離實現的一天愈來愈遙遙無期，到最後，真的只是個「空想」。

其實我不是太同意邁出第一步就能實現夢想這樣的話。但是，為了實現你的夢想勇敢邁出第一步後，即使不幸失敗了，至少你一輩子不會後悔。與其老了之後感嘆這個沒做、那個沒嘗試，不如努力完成。

成功的人士往往都有很明確的夢想目標，他們了解自己是誰，知道自己要什麼。他們把目標寫下來，研擬計劃達成目標。

不明確定義你的目標，你的生活一直在打空靶。把目標寫下來，就是你的起點。

※Step1：要訂立明確的夢想目標

大腦需要有明確的指令才能前往要去的地方，夢想目標愈清晰愈好，將夢想目標清楚寫下，透過視覺化的效果啟動全身的每個認知來說明我們要完成夢想目標。當你清楚定義你的夢想目標之後，你對這個世界的體驗方式、你的思想、你的機會吸引到的生活方式，將會變得以往大大不同。

執行力達成很重要第一步開始就是要詳細規劃你的未來夢想，把你的夢想與日期記錄連結在一起就是目標，把目標細分就是計劃，把計劃落實就可以實現夢想。如果對自己的夢想不夠清晰的話，有必要抽出時間試著把夢想記錄下來，再以年月、周、日為單位把目標和要做的事記錄下來。把已完成的和沒完成的事情進行確認。每天記錄日程和內容將有助於夢想的早日實現。

◎夢想：Dr.Selena 希望未來三年可以開畫展，用 DPDCA 方式展開

Dream	夢想	三年後可以開個人畫展
Plan	夢想計劃 & 目標	三年內完成 30 幅作品
Do	每一年計劃完成 每一個月計劃完成	10 幅 完成 1 幅

Dream	夢想	三年後可以開個人畫展
Check	每一個月計劃是否完成	完成 1 幅
Action again	持續的每月完成 1 幅 直到 30 幅畫完成	3 年後順利開個人畫展

※Step2：聰明拆解你的夢想及目標

很多時候，當我們在追求夢想或目標的時候，一開始設定的夢想或目標太大，很可能會無所適從而選擇放棄，因此我們從中獲得的常常是失敗或挫折感，卻很難有成就感。而只有當我們在做一件事情或任務的的時候能夠獲得源源不斷的成就感，才能夠有勇氣的持續地行動下去。不要指望自己一下子就能夠有很大的改變，改變是一個緩慢且持續不間斷的過程。

過高的目標，只會讓自己更加焦慮，執行的過程很累，就容易半途而廢，導致自暴自棄，放棄行動。把你想要完成的夢想及達成的目標，拆分階段，根據自身的等級選擇相應的段位。等到你適應了某個等級，把握住了自己的節奏，就可以開始慢慢地增加難度。

◎制定計劃，分解目標，漸進法則

初級階段	要容易上手，從簡單的開始。	每天看書 15 分鐘
中級階段	根據自身的情況適當增加一點點的難度。	每月看完一本書
高級階段	繼續增加難度，但要符合自己的承受能力。	每年看完 24 本書

同時，目標要合理，清晰具體，容易執行起來，根據自身的水平循序漸進。

學會把夢想目標分解變小

我們不行動的一個原因就在於：目標太遙遠，或者沒有具體清晰的執行方案，大腦不知道怎麼做，就無法行動起來，導致持續地拖延。因此，關鍵在於提前思考，制定可行的方案，規劃好你的行動路徑。

學會拆解，把一個大的任務，分解成沒有抗拒心理，容易馬上開始的小任務。很多人執行力差或夢想達成率很差，是因為心裡只有大的夢想及目標，有些人的問題就在於，樹立了一個太大的目標，內心充滿雄心壯志，給自己帶來了非常大的壓迫感，反而就會產生遲遲不敢開始的現象。

太強的得失心，有的時候反而容易自我否定，最後導致不去行動。因此，放輕鬆點，先給自己來一個容易完成的小目標。

剛開始一定要對自己寬容一點，很多人的問題在於用力過猛，就想一下子一勞永逸，做出非常大的蛻變，實際上是不現實的。

像是今年要看完 24 本書；每天堅持上健身房努力健身，三個月減重 5 公斤；今年學好一門技能，比如法語、youtube 影片剪接；今年要考到多益進階級（七百五十分以上）……這樣設

定夢想目標看起來好像沒問題，其實存在很大問題。

　　問題是在執行的時候往往不知道一開始要做什麼，這就很容易導致效率低下，也很容易三天打魚、五天曬網，執行力變得很差。

　　就以看書這個目標為例。如果你將目標分解成半個月看一本書，具體到看什麼書，比如是《投資理財相關書籍》，每天臨睡前看半小時，看多少頁，諸如此類。

夢想目標	把夢想目標拆解
今年要預計看完 24 本書	每月 2 本，每週 0.5 本，每天 20 頁

　　再比如說健身減肥，如果你將目標設為一個月瘦三公斤，每天晚上繞著社區公園跑上二圈，下雨天就爬樓梯十個來回等。

　　當你的夢想目標計劃的愈細緻具體，夢想目標的可行性愈強，在執行的時候，越不需要動腦子想怎麼做，你的執行力就會愈高。

　　這是一種人生的超強思維，不管是在工作中或是念書中都是一樣，想要高效率，想要執行力強，那麼你就得提前將計劃做好，具體怎麼做，什麼時間段做，什麼時候要完成…

　　很多時候，當你很清楚地知道自己要做什麼，你就會更專注更有效率，執行力也會隨之大大提升起來。

就像你的目標是減肥 5 公斤，每天運動一小時，那不妨讓第一個目標設定為每天運動時間十五分鐘，當我們能夠持續成功地完成第一個小目標或小任務，那你就再前進一步，讓自己每天運動三十分鐘，逐步地提高目標的難度，最終完成最終的大目標及任務。

每天達成一個原子夢想任務

人生的夢想，需要從每天的小事或小小原子夢想任務做起，計劃好每一天。

有時候，一個任務因為過於繁重，在我們眼裡就變成了一種強大的負擔，而我們又缺乏拆解的能力，所以就會陷入一團亂麻的擔憂狀態，不知道從何下手。甚至在已經行動的情況下，也容易因為規劃的規模，往往今天幹勁十足，結果明天就偃旗息鼓，沒有辦法持續下去，最終半途而廢。

所以設定好一個合適的目標，就需要對要執行的目標進行任務細化。就如上面說的，每天運動十五分鐘，那進行任務細化的時候，你就需要問自己這些問題：

這十五分鐘的運動要安排在什麼時段？在這十五分鐘裡，我要做什麼運動？如果是跑步，速度多少才合適？如果是舉重，舉多重的槓鈴，一組舉幾次呢？

只有當這些細節的問題考慮清楚，那我們在執行計劃的時

候，才不會因為需要費力地思考而影響行動。如果你在執行的時候，還要去思考做什麼方法，那只能說明你沒有在計劃階段下功夫，這勢必給我們的行動力造成很大的扭曲。

高效人生執行力的最好策略，是一看到清楚簡單每天的夢想計劃，就可以不假思索地輕鬆無腦去執行。

※Step3：學習生時間管理術

你在每天的一開始都要選擇一件「黃金精華」時間當作當天夢想目標的優先事項，接著運用一些方法幫助自己「雷射」聚焦在那個精華，然後在雷射過程中需要不定時的「提振活力」，讓自己可以維持專注力。

要開始運行「生時間」，首先，你得決定要生時間來做哪一件「小小原子夢想任務」。選擇精華的目的是，找出自己今天生活的重心，不要總是在瞎忙，反而沒做到想做的，或是真正必須做的。

那該怎麼挑選「精華」呢？

首先，先想想當別人問，「啊你今天都做了什麼事情？」你希望回答的答案，也就是找到一天的最大亮點！

要素二：Do ／執行 or 行動

人生最重要的不是想到什麼，而是你實際上做了什麼？

很多時候，一個人可以變成平庸或者卓越，都潛藏於我們日常中的每天的習慣及行動裡，最重要的並不是你曾經想到過做什麼或夢想過什麼，而是你每天確實做到了什麼。

所謂人生執行力，就是一個人能夠把心中或腦中的夢想或想法、計劃付諸行動的能力，也就是這個人是否清楚地完成計劃後，更最重要的是如何一步一步地做（Do）下去。

因為一個人想到和做到之間，相隔甚遠，而一個執行力強的人，他在行動上經常會經歷這樣一個過程：在這樣一個執行過程中，最終的目標就是努力去完成 一件事情或一個任務 - 想到了就去做，如果不會，那就去學。

當一個人想到了，學會了，並且最終做到了，這樣才會使一個人獲得巨大的成長，真正地改變了自己的人生及未來。

可以讓自己 DO 的行為持續做下去的五個行動力小方法：

1. 創造能持續行動或執行的環境

無論什麼事情，同等條件下，人們總是選擇障礙最少、最好走的途徑。 稱為最小阻力法則。 所以創造出一個讓正確的事情盡可能輕而易舉的環境很重要，比如當你想要學好畫畫的時候，

如果你每天還在找畫筆，畫紙，找顏料，那你只會在這些瑣碎的事情上耗費掉自己行動的時間及熱情。

作家 *Windy Liu* 表示想要提高人生執行力，就需要給自己創造行動上的便利，讓行動所需要的客觀條件一應具足，從而減少我們行動的阻力。也就是說，在你做好計劃之後，你需要想一想：

· 要提高執行力，採取行動前需要先某創造有利執行的環境或某種的工具？

就像你要去健身房重訓，如果你的休閒運動服、運動鞋都深藏在櫃子裡，這時候你需要努力翻箱倒櫃地把裝備拿出來，那你最後可能打消念頭去健身房了！但是如果你很早就把運動裝備妥當準備好，放在出門隨手可及的地方，那在你想要去健身房的時候，你就會毫不猶豫即刻行動，不會有太多掙扎。

所以，當你要認真進修閱讀的時候，不妨把相關書籍放到床前顯眼的地方，當你準備學習的時候，不妨關閉手機或登出各種社群平台，避免收到太多訊息會造成干擾。

總有些時候，我們會忙到暗無天日，晚上倒頭就睡，可是卻不知道今天做了什麼？這一天，其實就是白忙一場。每天都瞎忙，沒有計劃？其實這是對生命的不尊重。

簡單的事情堅持做就不簡單，每天晚上都會計劃好第二天要

做的事情，腳踏實地，不問太遠，只做好今天的事情，過好當下的每一天。

這個學習方法就是一種很好的生活與執行結合的完美狀態。過好每一天，過明白每一天，把一天細化成幾個階段，列下優先順序，一點一點地持續行動。

2. 建立內在的超強驅動力

一個人能有比較強大的人生執行力，往往就是來自於強大的內在驅動力，內心的渴望和欲望。這種驅動力可能是來自於你的夢想、目標、成就感，也可能是責任感和使命，也包括壓力。

總之，不管是出於什麼樣的原因或動機，就是心裡想著我一定要去做，逼著自己去做。

當我們發自內心地想要去做一件事情的時候，整個宇宙都會幫助你，作家 *Windy Liu* 也曾在書中說：我們經常可以毫不費力地行動起來，而且因為全神貫注於完成的事情，我們更能夠進入到心流的狀態，從而達成夢想目標，並且能感覺內心真正的幸福感。所以，我們需要去給自己的夢想目標任務建立意義，並且清楚地了解自己為什麼要去做這件任務或事情。

現在你可以問問自己：我有沒有這樣的內在驅動力？能不能找到這樣的驅動力？

這是提高執行力的關鍵，每個人情況不一樣，這只能靠你自己，與自己來一場深度對話吧：

- 我想成為一個什麼樣的人，什麼對於我人生夢想來說是重要的存在。
- 就像 Dr.Selena 持續地寫作小資理財相關書籍，我不是停留在想要通過寫作出書賺錢養活自己，給它賦予了更多的生命價值及意義。
- 把寫作當做一個與他人進行交流的溝通平台，希望自己過往逆轉人生生命故事和遇挫折的正面思考，可以給別人帶來勇氣與信心最後改變。

這些更深層次的意義感，最終讓我能夠在每天忙碌之餘依然努力學習新知，讓我能夠寫書很辛苦的狀況下，依然能夠堅持輸出、持續地寫作。如果我們想要在人生執行力上有更持久的效率，那積極尋找到自己內心真正渴望想做事情的意義和驅動力，這才是我們人生執行力可以大大提升之心法。

3. 想想那些可以激勵你的人

想一想，生活中能夠對你起到鼓舞或激勵作用的人有哪些？當你達成目標後誰會真心讚美你、鼓勵你、深以你為榮？想想他們，也想想他們可能會對你說的話，這樣能讓你產生更大的動力，讓你更有想要達成夢想目標的決心。

4. 從最容易的地方開始動手做

做事之前，要學會降低行動的阻力，減少抗拒心理，讓自己能夠輕鬆地開始。把一項複雜的任務拆分成一些毫不費力就完成的行動單元。

即使你有再遠大的夢想，也請盡量先從一個最簡單，自己最容易完成的動作開始邁出一步，最好是心理上有一種易如反掌，順手就能完成的感覺。

營造良好的氛圍，可以輕鬆展開行動。就好比玩遊戲，當你在新手村，經驗能力還不夠強的時候，一開始就不要給自己難度太高的任務，非常容易灰心放棄。

5. Right Now 5 分鐘法則，讓你快速動起來

追求完美主義和拖延症的人，也是導致我們很多人遲遲無法行動的原因之一。千萬不要總是想著等到所有的條件都到位了再開始行動，其實，那一刻可能永遠都不會到來。

大部分時候，我們都需要從不夠完美開始，千萬講師謝文憲曾說「人生準備了四十分就衝」，因為時間不等人，有的時候猶猶豫豫，不敢下手，一個寶貴的開始機會可能就與你失之交臂了。

很多時候，我們從「想」到真正「做」的這個過程之中，最

難熬的永遠就是開始的那一會兒。實際上，一旦你真正的動起來了，後面的很多工作反而就是水到渠成的了。

你可以嘗試抱著一種「我先做做看」的心態，先不要管實際結果的好壞，重要的是做了就值得肯定，哪怕是錯了，你也比別人多積累了很多經驗。

當你開始做了，就不要多想，先行動起來，你就超越了大多數的人。因為有時候，越想，你可能就越不想行動。你開始去做了，就值得肯定，即使失敗了，你也邁出了非常重要的第一步。

你可以嘗試著對自己說：Right Now 先做 5 分鐘，如果五分鐘時間到了，真的不想再做可以馬上停止。五分鐘時間很短，你不會有太多的想法，順手就可以開始行動起來了。

在做的過程中，慢慢你就習慣了這種感覺，接著五分鐘時間到了，你可以再對自己說，「好簡單啊，看起來毫不費力，再來五分鐘吧！」

甚至於有的時候，你可能都忘記了時間，一直認真沈浸在做的過程之中。

要素三：Check ／檢視

不管計劃進行順利與否，都要分析原因：當執行不順利時，反省、並進行改善；計劃順利也要分析「為什麼」，傳承方法。

因為時時追蹤我們想要完成的計劃，無論是財富收支或是時間的流向，透過記錄檢核後（review&check）能讓我們更好地明白並檢視自己能夠可以改善或精進的地方。人生的複利效應就如同滾雪球，開始時雪球滾得其慢無比，但在不斷地堅持下，最後將加速成長。

　　檢核（check）要確保一項任務的執行力到位，千萬別等到期限到了才問結果。對於你設定好的夢想目標和相關的行動計劃，一定要時常回頭定期檢視，及時更新或添加行動事項。這能達到自我提醒的目的，使自己做的事情或任務，不會偏離自己的夢想及目標太遠。

　　我們通過定期回顧過去完成的行動事項或夢想小任務，我們將意識到自己正在努力實現人生目標，這會讓我們感到更加的有成就感。

　　睡前的冥想檢視 Dream Time 自己的一天，能幫自己認清一天、一周、一年，甚至是一生的夢想目標追求是否有如計劃一步一步實現。

　　許多全球知名的成功人士，比如前美國職業籃球運動員，科比‧布萊恩特（Kobe Bryant）等人都在達成夢想目標之前都有冥想的習慣。他認為這能實現內心和世界的平靜。

要素四：Act Again ／ 持續行動

　　亞里斯多德說：「重複的行為造就了我們。」所謂成功正是複利效應的不斷累積結果，那些每天看似不起眼的小小變化卻是我們未來成就的基石。一系列小而明智的抉擇，只要給予耐心和時間不斷堅持不放棄，未來將獲取想像不到的甜美果實或巨大收穫。

可以幫助自己持續不放棄的三個小方法：

1. 睡前的 Dream Time 清晰的小夢想目標

　　可視化的夢想願景圖有助於你提升行動力，比如每天起床前，你可以看一看自己的夢想進度板，晚上入睡前也可以回顧一下自己的夢想目標並有 Dream Time 跟宇宙（神明）許願或禱告，持續地給自己打點氣加點油，Dr.Selena 從小到大每天睡覺前都會養成跟上帝禱告並請祂保佑我的每一個夢想都能早日實現，並認真的把每一個夢想念一次，發現真的非常有效，大家也可以試試看睡前五分鐘的 Dream Time。

Dream Time
（每天睡前 5 分鐘，請好好的冥想思考這三個部分）

1. 今天夢想目標檢討
2. 明天夢想目標計劃安排
3. 向上帝（神明）許願實現的夢想

利用 Dream Time 時間把夢想目標想一次，並持續找到自己做這項行動的意義，調動情緒，觸動自己的內心渴望。從持續行動中發現希望及動力，從中找到能夠激發你鬥志的東西。

2. 設定一個獎勵系統

你可以給自己設定一個夢想目標獎勵系統，前期只要做了就能夠獲得獎勵。這樣既完成了想要完成的行動，也讓自己感到整個過程很有趣，更加有助於提升我們自身的行動力。

完成一項行動之後，可以做自己喜歡的事情。比如，享受一下美食，玩一盤遊戲，看一會兒電影等等。當然這一塊需要你根據個人的情況來做調整。

你還可以列一份完成夢想獎勵小清單，做到什麼程度有什麼獎勵。

比如，每天完成簽到就可以抽獎，每週任務完成就可以抽獎，堅持一百天就有成就獎勵等等。你可以找幾張紙條，寫上你想要的東西或者喜歡做的事情，作為後續抽獎的獎品。就像開寶箱摸彩票一樣，不確定性能夠讓人興奮和著迷。

3. 簽到或積分系統

在持續行動的過程中，你看到自己一天天的夢想打卡記錄，密密麻麻的簽到，會感覺自己過去的每一天都很棒，你的內心

會很有充實感，成就感，這樣就更有助於你長期地堅持下來。

你還可以設定一個項目進度條系統，就和經驗值一樣，把每天的任務量換算成百分比，做成進度條。

這樣，你就可以直觀地看到自己的進步，了解當下的進度，明白自己走到了哪一步。

4

Chapter

人生財富翻轉力量：致富力

要有富口袋，先養富腦袋

「致富是一種技能，而且每個人都可以學會。」

——納瓦爾‧拉維肯

Dr.Selena 翻轉人生小故事

前陣子電視台的財經記者採訪我問了一個問題：「什麼樣的動機想成立小資理財社並分享理財教育了」我分享了一個成長的小故事：

小時候我跟姊姊住在九份被外婆養大，我的外婆是非常典型傳統的台灣婦女，認命、堅強、勤奮、勇敢。在外公不幸在礦坑遇難後，一個女人辛苦撫養七個小孩長大。外婆為了養大七個小孩，做過煮飯、傭人、洗碗工……，每天才能賺一點點錢求得溫飽。

從我們小時候我的媽媽就隻身一人在台北，要日夜不停的工作掙錢才能存錢，媽媽那時最大的心願就是存夠錢，能把三個孩子接到台北一起生活。

外婆常跟我說：「她從小沒念什麼書，只能用體力及時間，辛苦的掙一點錢來養活全家，所以她希望我能好好念書靠頭腦

賺錢，之後長大後如果我有能力，要多幫助這世上需要幫助的人，特別是窮人及單親媽媽們！」

從小看著外婆及媽媽總是日夜操勞，只為了能養活自己心愛的寶貝們，我常常在想長大後希望自己有能力，可以擺脫外婆及媽媽貧窮的命運，能讓外婆及媽媽過好一點的生活。

我國中畢業後暑假曾在一家早餐店打工，每天清早搭第一班公車去工作，從早上六點做到下午兩點。年輕的老闆娘非常有生意頭腦，她跟老公開麵包店，為了讓店隨時也有人潮，並提高店內的客人客單價及周轉率，她把另一邊的空間隔起來賣起美而美早餐。老闆娘還投資股票及房地產，年紀輕輕三十五、六歲已經有房有店面。

老闆娘常跟我說她是來自南部的小孩，她高職畢業投入職場，嫁給老闆後，發現如果只靠麵包店的收入，根本養不起兩個小孩。

於是她花時間學習投資理財增加被動收入，她說不想一輩子用體力及時間一直做麵包，她希望可以有機會靠錢去賺錢，連睡覺時也會有收入進來。

從小看到厲害的老闆娘，每月靠收租及領股息日子過得很開心，就覺得學會投資理財真的好重要。老闆娘的話啟發了我對投資理財的興趣，後來非常認真念書，幾乎是住在圖書館中。

也因為這樣我看了好多好書，學習很多專業知識及投資理財知識，長大後我也終於能成功翻轉人生及命運，實現從小到大所有的夢想。

之後我在公司發現有很多小資 OL，有的是一個人是從中南部來台北發展、在台北租屋；有些則是因為家境大學念書時申請學貸，除了繳房租還要還還五十萬助學貸款。

看她們這樣在台北生活得很辛苦，想幫助她們增加收入改善經濟，所以成立了一個「小資理財社」，教公司的小資女學習投資理財。

每週定時跟她們分享我研究多年的理財觀念及好老公股，並熟悉各種投資理財工具，後來很多人可以開始靠投資賺錢，每年可以不靠老闆幫自己加薪百分之二十至三十，甚至有的小資女在三十多歲的時候，就能自己買一間小宅！

Dr.Selena 一直深信：每個人一生辛苦工作賺錢，都是為了給自己及所愛的人，能過更好的生活及更美好的未來。

每一個人都要學會理財投資的相關知識，那是一個很重要的未來生存技能，當這個世界變得很快混亂的時候，也許有一天你所做的工作可能會消失。但只要你學會投資理財，可以擁有固定的被動收入，就不用擔心有一天沒有收入三餐不繼！

所以香港首富李嘉誠曾經這樣說：「自己之所以成為富人，

不是因為有錢，而是因為擁有生錢的頭腦。」變有錢第一步改變你的腦：擁有一個生錢的富頭腦。要翻轉一個人的命運及未來，就從培養富腦袋開始。

> 成功者把錢花在未來會幫他賺錢的地方，投資腦袋。

你是否會常常感覺到困惑，明明自己每天非常省吃簡用，但是為什麼銀行存款數字還是少得可憐？而就算工作的薪水增加了，為什麼每個月還是捉襟見肘慘當月光族？別人一直收入增加，我卻老是負支出？

我們人一出生命運就大不同，有人含著金湯匙出生有富爸爸，有人則是含著土湯匙出生只能靠自己；一開始就已經註定了人生起跑點的不同。但千萬別灰心喪志喔，我們先來看以下「三個窮人與會下蛋的母雞」的小故事：

小故事：三個窮人與會下蛋的母雞

小時候看過一個小故事，印象非常深刻，有一天上帝給了三個窮人一隻會下蛋的母雞，母雞每天會下一顆蛋，過一陣子這三個窮人的命運大不同：

這個小故事中的金錢好比一隻母雞。窮人 A 及 B 會把它做成美食飽餐一頓享受短暫的刺激而後又是錢包空空。而窮人 C（富人）會等它下蛋，在將雞蛋拿去孵化，最後錢生錢，財源滾滾。

　　看完這個小故事同時想到之前曾看過一本書，讓我印象非常深刻，美國歷史上第一位億萬富豪、石油大王洛克斐勒曾對大眾說：「即使你們把我身上的衣服剝得精光，一塊錢也都不剩，然後把我扔在撒哈拉沙漠，但是只要給我一點時間，並讓一支商隊從我身邊路過，我依然可以成為一個新的百萬富翁。」

　　這句話充分說明即便是窮人與富人處於同一起跑線起跑了，窮人依舊是窮人，而富人也依然是富人，這是因為富人的思考方式與大多數人不同，他們習慣使用富人思維思考問題，就如同全球暢銷財經書《富爸爸，窮爸爸》一書中所說：「窮人和富人最大的區別在於：窮人為錢工作，富人讓錢為自己工作。」可見富人與窮人的思維差距確實不小。

　　一般來說，撇開那些透過繼承財富變成有錢人的富人外，還有許多富人是靠著個人的認真和努力而終能成為有錢人，如果仔細觀察並分析他們的思維，絕大多數人是很懂得感恩並願意努力改變，反觀窮人卻滿是埋怨出生和缺乏行動改變力。 說到底，貧窮並不可怕，走不出「窮人思維」的限制才是最可怕！

　　《富爸爸，窮爸爸》作者羅勃特‧T‧清崎童年時，兩位爸

爸教他面對人生財富應該要有的想法和體悟。清崎特別提到，就他的從小觀察，「窮爸爸」之所以窮，其實並不在於他每月賺到的錢是多是少（儘管這也很重要），而是在於他的思想和行動，「我經常聽到他說：『我對錢不感興趣』或是『錢對我來說不重要』，反觀富爸爸則會說：『金錢就是力量』，我必須極其小心地選擇他們兩位向我傳遞的思想，並做出明確的選擇。」清崎的「富爸爸」告訴他，要懂得讓錢為自己工作：「如果你為錢工作，你就把力量給了雇主；如果錢為你工作，你就能保有力量並掌控全局。」也就是說，富人更懂得如何善用金錢，而這也是「窮人愈來愈窮，富人愈來愈富」的最根本原因。

根據美國人氣暢銷作家湯姆‧柯利（Tom Corley）所做的一項研究指出，窮人與富人之間最大的差異不是出身或外在條件，而是在於有著截然不同的思考及習慣，以下整理他所得出的十條「富人思維」金律：

① 任何人都可以努力變得有錢。

② 每天的自我進步或是成長最終能帶來成功。

③ 為自己的人生負責任。

④ 金錢和財富都是好的。

⑤ 周圍都有無限的金錢和財富。

⑥ 我的運氣由我自己創造。

⑦ 時間是很寶貴的，我一定會好好善用時間，浪費時間是

一種罪過。

⑧ 夢想與目標是成功的重要的兩大組成部分。

⑨ 永不放棄實現夢想。

⑩ 我要存下比賺到更多的錢，並將存下的錢都拿去投資夢想和目標。

◎窮人和富人的腦袋差異是什麼？思想的不同，造成一生的貧富巨大差距

差異比較	窮人的想法	富人的想法
1. 命運	人生命運由老天註定	命運掌握在自己手中
2. 夢想目標	目標不清或模糊	夢想目標明確
3. 行動	想要但欠缺行動力	想要並立即採取行動
4. 人生	習慣待在自己的舒適圈	勇於挑戰自己 開創新領域
5. 思考	消極以對	積極進取
6. 困境	看見困難	看見機會
7. 學習	止於所知	不斷努力進修學習新知
8. 賺錢	有賺就好	努力賺更多
9. 收入	主要靠薪資收入	薪資＋被動收入
10. 投資	不是很重視	很重視

理財前，先看看上表，明白窮人和富人的觀念差異是什麼。

若你原本是辛苦的划著獨木舟前進，一個觀念的轉換，就會變成悠閒的坐在快艇上乘風破浪了！

家世背景雖然我們無從選擇，一出生大家的起跑點可能就不同；但理財的方法，每一個人都是透過學習與經驗，才知道如何投資獲利。改變自己的思想及觀念，不見得一定會變有錢；但不改變，鐵定一輩子沒錢。香港首富李嘉誠一開始也是白手起家，早期以股票及房產快速累積財富，進而擴充他的事業版圖。

只要肯開始學習投資理財，讓自己生出富腦袋，擺脫窮人的想法及思維，一步一步的往夢想前進，我們也有機會成為自己的富爸爸，翻轉人生財富，甚至讓我們的下一代，成為含著金湯匙出生的幸運兒。

小資族輕鬆養出致富力的黃金公式

成功與致富是你與生俱來的權利，你握著一把鑰匙，可以讓你比你所想像的更加富足！

➡️ 花更少 ⇨ 存更多 ⇨ 賺更多 ⇨ 投資好

小資只要可以學會這個致富力的黃金公式並在日常中每天努力實踐，保證一定會變有錢：

1. 花更少

學會斷捨離，設法降低花錢欲望，減少每日的固定消費及支出，就一定可以花更少錢！

2. 存更多

如果可以提高每月的存錢率，至少達到收入的 30%，努力將每個月賺的錢存下來，這樣又距離變有錢又近了一小步了！

3. 賺更多

如果可以增加被動收入，設法每月可以賺更多錢，這樣可以有助於財富慢慢的累積！

 人生財富翻轉力量：致富力 ● Chapter **4**　9 5

4. 投資好

好好學習投資理財，讓每年的報酬率可以提高，是快速增加你的財富最好的方式！

◎提高致富力的四大法則

減少 日常花費	存下主動收入 設法存下 ／ 6:3:1 理財法	增加被動收入 靠投資／ 提供報酬率	建構未來收入 自動穩定／ 股息或租金

提高致富力的法則一：減少日常花費

減少日常花費的聰明 5 步驟，跟著一步一步確實執行，保證你可以減少日常話費，每月花更少錢！

Step1: 做好財務＆健診檢視平時花錢習慣

Step2: 分出必要支出與非必要支出（浪費支出）

Step3: 替必要支出尋找替代方法

Step4: 寫下非必要支出（拿鐵浪費清單）可省下的錢

Step5: 結算全年可省下的總金額

※Step1：做好財務健檢

二張超神奇好用的人生財務報表幫你做財務健診。

對一般上班族來說，要配養致富力的重要第一步就是要學會建立個人（家庭）的財務報表，這兩張人生重要的財務報表：包含 a. 個人的資產負債表、b. 每月收支損益表。雖然各自顯示的功能不同，但彼此卻互相關聯。

每個人或家庭就像一家公司，會有營收收入（薪水）、費用（日常支出）、資產（股票、ETF、基金甚至房地產）與負債（車貸、學貸、房貸、信貸）。現在只要透過兩張人生財務報表分析工具，就能協助我們有效了解自身財務狀態好不好。

很多人只要一提到財務報表就覺得好像非常的艱難，其實簡單來說，我們可以從「資產負債表」看個人（家庭）財富淨值有多少（存量），從每月「收支損益表」看每個期間（年、季、月）的資金實際的流向。

◎財務健診的目的

1. 了解個人（家庭）財務狀況

2. 進行每月收支管理及財務管理

兩張人生 財務表	a. 資產負債表	b. 收支損益表
功能	看個人（家庭）財富淨值有多少 （存量）	每年可以儲蓄多少現金 （流量）

◎兩張個人財務報表

個人（家庭）財務報表範例

試著把個人（家庭）當作一家公司來好好經營分析財務狀

況，建立個人財務報表最大的好處是，幫助我們發現自己（家庭）理財問題，找出可能的理財解方，試著將個人對財務問題的恐懼化為強大動力，並且幫助你未來做出正確投資策略及投資決定。

a. 第一張人生財務報表：資產負債表（表格參考附錄一）

所謂個人（家庭）的資產負債表，可以表示一個人或家庭資產與負債的比例與分布，這張表重點是可知道個人（家庭）淨值（身價）有多少。

資產→屬於自己（家庭）的，可帶來收入。

所謂資產，是可以增加現金流入或減少現金流出的經濟資源，位於資產負債表的上方，常見的資產分成流動資產及固定資產：

1. 流動資產（變現快，機動調度方便，可做預備金）

包含現金、活存、股票、債券、基金與 ETF、珠寶名畫。

2. 固定資產（變現慢，長期穩定較重要）

包含汽車以及不動產（房產）因其流動性相對低，又被稱為固定資產。

流動資產加上固定資產即等於總資產。

常見的負債有房貸、車貸、學貸、卡債等等。負債會產生利息支出，因為不論是購買大型家電、手機、摩托車、汽車、房地產，都是人們消費購入的資產。但是相對的，人們採買的資金來源可能來自他人，例如銀行貸款、信用卡，親人借貸等。

淨值是一個人（家庭）真正擁有的財富，**淨值＝總資產－總負債**。

淨值高低還需要搭配年齡等外在綜合條件因素來做正確評估，即使是相同的淨值，對於不同條件的人來說，分析與建議也不太相同。

每個人平日工作及生活非常繁忙，但每年最少要有一次檢視自己的資產負債表。因為透過檢視各項目的比例增加或減少，能快速有效率的幫助我們抓出自己的每年財務健康檢查，找出自己的財務黑洞或疏失，可作為將來自己理財策略方向的調整。

附錄一：提供資產負債表的表格提供給大家參考使用。

b. 第二張人生財務報表：每月支出損益表 or 631 支出損益表

　　每月損益表則是代表每個月你的收支有沒有平衡？平日是否盡量做到開源節流及量入為出與，這些都會直接反映在損益表上。損益表通常包含以下部分：

1. 經常性收入

　　是個人所賺的錢，包含每月固定薪水或是兼職收入，以及運用既有投資資產所得到的被動收入。

2. 經常性支出

　　是個人花出去的錢，包含食衣住行育樂等相關生活支出或是貸款支出等等。

3. 當期損益

　　是收支相扣後的剩下餘額，可放入期末的資產負債表淨值當中累積個人（家庭）存款，或是投入到個人（家庭）資產當中、償還負債。

　　其實透過個人（家庭）每月損益試算表，就能更了解自己每

個月的收入及支出到底有沒有透支。

隨著我們不斷累積工作年資及工作表現，一個人的「身價」，也就是資產負債表裡的淨值（資產扣除負債）理論上應持續增加。但如果我們光看資產負債表還不夠，原因出在時序上的定位。

每月損益表與資產負債表之間會相互牽動。若損益表有盈餘，會流入資產負債表右下角的淨值，成為未來布局資產、提高投資被動收入的籌碼。這兩張人生重要的財務報表：損益表的**維持**，與資產負債表之間可說是休戚與共。（附錄二提供了每月支出損益表格式提供給大家參考。）

小資學會聰明理債

想做好投資理財管理，要分清楚先後順序，理財之前要先理債。哪些債要先處理？像信用卡債、車貸、小額信用貸款等，這些貸款都是還款期在 5 年以下，而且通常是在剛進入職場的初期常出現的債務。這個階段因為收入還不高，貸款支出往往會吸走大部分的收入，所以務必用最快的速度還清這些債務，如果可以也儘量遠離這些貸款。

小資聰明理債的簡單 5 原則

1. 列出所有的債務
2. 決定還款順序
3. 利息高的優先償還
4. 不要以債養債
5. 不要過度消費未來

◎聰明理債的順序圖

高利貸　信用卡循環利息　信貸　車貸　房貸　學貸

※Step 2：區分消費支出行為是「消費 VS. 浪費」還是「需要 VS. 想要」

　　許多日常消費行為其實都是源自於「想要」而造成的，像是米其林大餐或是飯店豪華下午茶甜點、名牌背包等等，皆不屬於日常生活中的必要開銷，因此在購買上述物品時，可以先思考此消費行為是否為「需要」，讓金錢花在真正必要的消費而不是浪費上。

人們並不是因為需要某樣東西才想去擁有它，而是對物品瘋狂的佔有欲，與人們對物品的需求沒有什麼直接關聯。各大品牌的行銷及業務人員非常清楚各種讓人們掏錢購物的伎倆。打出的廣告極富鼓動性和針對性，很少人能夠抵抗它們的誘惑。所以有人說切勿在肚餓或衣破時，買大量的食物與新裝。要設法克服從眾心理或虛榮心理，避免盲目大搶購或盲目採買，應把每一筆錢都用在刀口上，這樣才不會造成支出的浪費。

　　你平時怎樣努力去購買那些真正需要並且想要的東西？你又是怎樣不顧巨大壓力，去買那些並不是真正需要但是想要的東西？應該怎樣嚴格按照預算行事？我們必須先要理解有計劃消費和衝動消費之間的不同之處。

　　聰明的消費者花錢很有計劃，並且購物時也很精明。購物前，他們會先做一些市場調研，然後決定他們的購物計劃，購物一定要有清楚目的，將需要採買的東西列出一張表來，然後依採購單購置。換言之，在他們逛街購物前，他們會先在家中做一些計劃工作。這些事先準備工作其實就像是打了預防針，這樣他們到了商店或賣場，就不會再衝動地購物了。

　　因為有了明確購物目的，按購物清單做出每月支出預算也是重要的一步，預算就相當於一個聰明的財務經理，它能使你的每月財務目標始終不會偏離軌道飛行。預算計劃可以將您如何花錢這一消費決策過程變得簡單輕鬆。因為它就像一張交通導

航圖，早已預先為你設定了每月的消費目標。

◎區分消費支出行為是「消費 VS. 浪費」還是「需要 VS. 想要」

項目	消費	浪費	投資
需要或是想要	需要：購買生活必需品或是房租	想要：奢侈品或娛樂消遣項目	把錢以「未來可能以金錢報酬回到自己身邊」的方式花費，例如投資自己
斷捨離理財法	盡量降低或是尋找替代方式	降低欲望	提高比例

※Step 3：學習聰明記帳（保持記帳習慣控制開銷）

　　所以為什麼要記帳？就是因為我們一定要為未來做準備，一開始我們可能因為不知道自己每個月錢花到哪裡去了、沒法存下錢，因此需要藉由記帳來管理支出，讓自己存得了錢。

　　不管你是投資理財新手或是投資老鳥，其中很重要但也最容易被忽略的，就是記帳這一塊了。然而即使拚命的開源節流，卻不知道錢都花到哪裡去，也容易讓人會心生一種為誰辛苦又為誰忙的無力感。為大家整理出記帳的好處還有小撇步，讓你能夠完整掌控自己金錢流向，做財務的主人。

1. 確認收支，作為做好每月財務規劃預算基礎

一般人學習聰明記帳的好處，就是你可以對於每週或每個月的金錢流向一目瞭然。針對食衣住行育樂，各項抓出一個平均後，就可以開始制定每個月各項目的支出預算。但也別為了讓帳目看起來漂亮，就抓一個不可能實行的數字。舉例來說，假如你每個月在「食」的開銷平均約為九千元，那麼你或許為了節省可以微幅調動，先以八千作為下個月在「食」上面的預算目標。但如果你一下子就設定為五千元，不僅不切實際，也容易因目標太高達不到增加自己的挫敗感。

2. 調整消費習慣

因為開始記帳，每一筆消費，買什麼、花多少都被記錄下來。因此當你在檢視上個月開銷時，就可以從中觀察，有些消費是不是真的有必要，以及是不是有更節省及划算的方式來進行採購。不知不覺可以對於金錢的使用觀念，和消費習慣都會有些許調整。所謂積少成多積沙成塔，在養成記帳習慣中不斷學習與精進自己的理財方法，也會讓財富一步步慢慢累積。

3. 讓生活有保障

養成記帳的好習慣可以讓你清楚知道花錢的流向，可以更精準的把錢花在刀口上。除此之外，當你有計劃性的將薪資做分配，除了扣掉每個月固定存錢儲蓄之後，還有必要投資外，別忘

了也要有一筆「生活緊急預備金」的預算投入，在有特殊狀況時，才不會讓自己生活受到影響。

4. 找出財務的漏洞

　　每日將在食、衣、住、行、育、樂等各種日常支出情形的花費逐一且詳實地記錄，最好可以每一週及一月進行總整理，再與上周或上月做比較，找出非必要的花費或浪費項目，改善消費習慣，久而久之就會有愈來愈多的餘錢可以存下來做為將來投資理財規劃。

◎上班族學習記帳的 4 大好處

確認收支	找出財務漏洞
調整消費習慣	生活保障

　　上述四個記帳的好處，雖然看起來有點老生常談，但在努力實施記帳半年後才發現，可能在潛移默化中已經養成了一套專

屬的金錢觀及富腦袋，在花錢前腦袋也會有一個無形的預算表格，思考著這個月是否真的有需要等，甚至還會想去鑽研更多理財面向，大家不妨就從今天開始記錄起，看看三個月後的改變吧！

另外，如果你平時有養成記帳及存款的好習慣，就不會把錢花在對你意義不大的事物上，等你有機會把錢花在有意義的事物上時，就有錢來犒賞自己了。犒賞自己能為你帶來動力，讓你一瞥美好生活的面貌，推動你繼續往前進，為了更美好的美夢，實踐策略、做出決策。

記帳是很多人會去做的事情，不過多數人可能一開始興致勃勃地開始記帳，想說要控制自己的開銷，可以多少省下錢來。但是記不了多久就放棄了，可能是因為記賬過程太繁瑣，其實現在有很多不錯的記帳 APP 可以協助大家更聰明更輕鬆地做好記帳的工作！

五款特色好用記帳 APP 介紹

1. Dr.Selena 的 631 理財投資 APP

推薦指數：★★★★★

自從在《月入 23K 也能投資理財》一書中提到 631 理財法後，就一直收到很有多讀者來詢問市面上有沒有類似的存錢理

財 APP 可以提供大家使用？沒想到市面上真的沒有，所以心中一直許願能夠幫大家打造一個最好用的存錢記帳理財的 APP，這個夢想經過了好幾年終於實現了！

Dr.Selena 親自設計研發的「631 理財投資 APP」，是專為全台的小資族所量身定做的，首創結合「存錢＋記帳＋理財＋投資＋知識」五大面向，幫助你打造屬於自己的致富公式，631 理財投資 APP 真的是最適合小資族累積財富、翻轉人生的投資理財好工具。

2. 631 理財投資 APP 介紹

免費下載｜小資族薪水規劃理財投資最強工具

- **每月自動系統性規劃薪資收入，根據「6：3：1」比例分配消費預算**，每天輕鬆記帳，並設有預算超支提醒，有效控管不必要的花費。提供「發票載具」串接功能幫你自動記帳。

- 提供收多元化支出數據圖表及 Excel 匯出功能，可匯出你的631 支出損益表，方便健診你的每月收支損益狀態，浪費清單功能一眼抓出浪費源頭。

- 提供多種熱門人氣定期定額 ETF，輕鬆打造每月配息投資環境，開心領股息。

- Dr. Selena 理財知識專區，分享獨門理財心法，帶你財商全面提升。

◎ 631 理財投資 APP

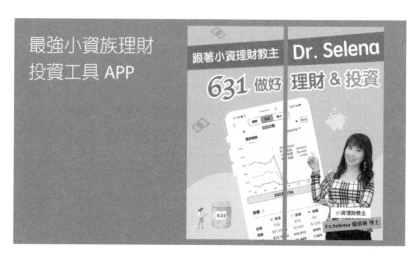

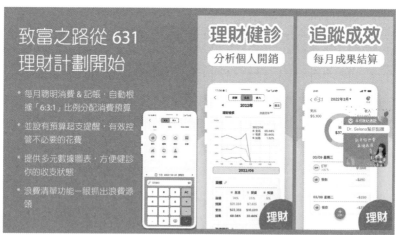

2. CWMoney APP

推薦指數：★★★★☆

· 就算你是連打字都懶的人也沒關係，因為 CWMoney 的特色包括「影像聲音記帳」，提供拍照以及語音記帳的功能，讓各位懶人不用打字也能記帳。

3. Moneybook 麻布記帳

推薦指數：★★★★☆

· Moneybook 麻布記帳是第一款有和各大銀行合作的 APP

· 可以快速整合銀行帳戶以及信用卡資料，還能直接匯入卡片的消費資訊，讓你輕鬆對帳、方便程度大升級！

4. 記帳城市 APP

推薦指數：★★★★☆

· 一打開記帳城市 APP，會先聽到很可愛的音樂，整個設計像是在玩遊戲一樣，每記一筆帳，就會蓋一棟房子，玩家也可以合併房子變成更高級的建築物

5. Monny APP

推薦指數：★★★★☆

· 這款兔兔記帳 APP 可是非常的紅，尤其是要添加記錄時一點下去的那個「啾啾」聲～超級可愛的！

· 可以統計這個月的各種收支，方便之餘又有一種個人部落格的感覺，適合嚮往可愛風格的朋友喔！

Step4：寫下每天生活中非必要支出（拿鐵浪費清單）可省下的錢

　　暢銷書作家大衛巴哈 David Bach 在《讓錢為你工作的自動理財法》書中，把一般人在日常生活中無意識花掉的小錢稱為拿鐵因子。這些可能都是你平時生活中習以為常花掉的錢，這些小小開銷一旦變成習慣，就會在每天偷偷偷走我們的錢。

　　因為這些拿鐵因子清單中的消費金額雖然不是很高，但是長期日積月累、頻率很高的話，久而久之累積出來也是一筆不少的開銷。因此你可試著製作一張像這樣的表格做統計，看你的拿鐵因子開銷多大，減少支出，減少不必要的花費，會讓你每月有更多的錢存下來，提高你每月存錢率，有更多的本金做投資儲蓄，試試看用拿鐵因子清單減少無意識的花費！

◎拿鐵因子浪費清單

生活拿鐵因子浪費清單（舉例）

序號	項目	數量	一次金額	一個月消費幾次	一個月消費金額	一年金額
1	泡沫茶飲	每天一杯	60 元	30 次	1800 元	21600 元
2	星巴克咖啡	每天一杯	100 元	30 次	3000 元	36000 元
3	計程車費	一週兩次	200 元	8 次	1600 元	19200 元
4	美容院洗頭	一週兩次	300 元	8 次	2400 元	21600 元

#Step5：結算全年可省下的總金額

　　每年年底都要做仔細的結算，看出每年你可以省下多少錢，這個步驟很重要，因為每多存下一塊錢就等於未來你可以應用在投資項目的錢也愈多！

提高致富力的法則二：存下更多主動收入

　　很多上班族總想等薪水增加實再開始存錢，但他們沒有想到，平時的消費養成習慣後，就算薪水增加了，可能日常消費也會增加，美國理財大師大衛‧巴哈曾指出，一般人收入大幅增加時，往往會穿得愈來愈體面，開的奢愈來愈名貴，用餐地點愈來愈高檔，旅遊方式愈來愈花錢，最後這些人離成為有錢人愈來愈遙遠了！

花錢之前改變你的思維

你要存多少錢才能提早財富自由？

如果我們想要提早退休早日達成財富自由的目標，要存多少錢才夠呢？

很多人並不知道到底要存多少錢才夠，在這裡有一個簡單的算法，就是看你每月的存錢率高低。

楊應超曾在《財務自由的人生》一書中提出一個理論，假設大部分的人都在二十五歲開始工作，在六十五歲正式退休，在你賺錢的四十年裡，如果你前二十年可以存百分之五十，那你十七年後就可以不上班了，因為有百分之五十的存款可以支應你未來的生活所需花費。

◎存錢效率＝將來你變有錢的速度

把存錢當好習慣　小資也能變有錢

台灣前首富王永慶曾給青年人一段忠告：每一分錢都來之不易，浪費是一種對自己勞動的不負責任。財富是由一點一滴積累起來的，無論何時都要勤儉節約，這樣才能積累更多的財富。這一段話非常發人省思。

存錢率	工作幾年後退休
5%	66
10%	51
15%	43
20%	37
25%	32
30%	28
35%	25
40%	22
50%	17
60%	12.5
70%	8.5
80%	5.5

（參考資料：楊應超《財務自由的人生》）

没有存不了錢的人，只有不想存錢的人。

小資要怎麼變有錢？第一步：養成存錢儲蓄習慣

你常常發現下個月發薪日的前幾天，發現自己手頭吃緊到都要靠吃泡麵或吐司勉強維生，窮到快吃土了？根據二○二一年人力銀行調查，有 34.8% 的人每月面臨「財務赤字」，換句話說，有將近三成五的上班族為月光族，如果當發現意外或失業時，可能無法順利有足夠的生活緊急預備金來支撐未來生活，如果想擺脫月光青貧族就要設法養成存錢儲蓄的好習慣！

「萬丈高樓平地起」，就連台塑集團創辦人、被譽為台灣的「經營之神」的王永慶，他生前有一句名言：「節省一塊錢等於淨賺一塊錢」，國內外企業管理者更視此為「王永慶法則」。連一元都要省？如此節儉之人，通常會被旁人形容很「摳」、小家子氣，但是有錢的大老闆和你想的不一樣。殊不知節儉也是理財的一部分，賺錢有時候要依賴別人，但節省只能靠自己。

只要你肯跨出第一步，開始存錢、投資，就算每月只有 3,000、5,000 元，小錢也能變大錢。

想要讓自己戶頭能夠錢滾錢變有錢，就一定要懂得學會聰明存錢；而聰明存錢的絕對條件就在於「有沒有計劃性」，每個月只存用剩的錢的人，相對每個月存固定金額的人，是絕對存不到錢的！

但也有那種定額儲蓄依然存不到錢的人，因為把定額儲蓄的門檻設得太高，拚死想存錢，結果害得自己每月辛苦度日，剛開始幾個月還可以靠意志力勉強撐下去，但最後絕對是無疾而終。

想要真的存到錢，重點不在於金額的多寡，而在於所有支出都要按照比例來決定。如果實際收入變更，儲蓄的金額也就要隨之改變，這樣才不會讓開支出現赤字，能夠確實達到儲蓄的目的。

小資族也能無痛存錢，善用自動化存錢系統

想要存好錢，把自己辛辛苦苦賺來的錢都確實鎖住，那你還欠一個東風，就是找出一個恰當的存錢系統方法來幫助你。自動化管理金錢有個好處，就是讓你的注意力更專注在累積資產上。自動化存錢系統分為兩個部分：自動化存錢和自動化繳費。當你領到收入的時候，第一件事就是要把該存的錢存下來，這是存錢最重要的觀念。通過網上銀行自動轉帳的方式就可以設定每個月工資到帳後，自動把要存的金額轉帳到專門存錢儲蓄的帳戶，讓錢無聲無息地每月自動存下來，而不是無聲無息地亂花掉。

至於每月日常生活許多固定的繳費，比如生活帳單（水電費、電話費、管理費……），信用卡帳單等一旦設定好自動轉帳，就不用特意去記何時要繳費了。你每月所省下來的時間可以更專心花在投資理財學習精進上。

◎建構每月自動化存錢系統

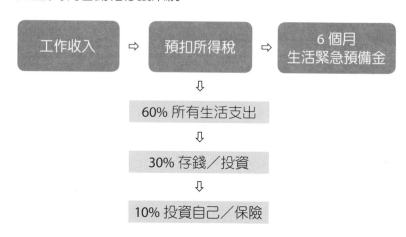

美國理財大師大衛‧巴哈就說：「要一勞永逸，改變財務狀況，簡單的方法就是每月財務計劃自動化。」而他指出，這個自動化系統有以下三個特點：

一、每月薪水入帳就會自動撥款

二、能自動定期執行

三、中途停止會有損失，讓你不會想贖回

自動化存錢系統中有個最重要的核心觀念是：先付錢給未來的自己（Pay You First for your future）。這意思是你把收入的一大部分先努力存下來，為未來的夢想計劃做準備，這等於是現在的你把錢支付給未來的你。它的核心就是你要把收入的一部分錢先存下來，在做其它的開銷之前就要先存，而且你要讓這

個變成是一個自動化的存錢的系統。

人生理想的生命週期大概會有一定的發展流程：出生→求學→求職→結婚→生子→買房→退休→環遊世界……。因為等年紀大退休後可能就不會有工作的薪水收入，退休後的生活費等，就需要仰賴有工作收入的期間，所存下錢來做儲蓄、投資，經過長時間的累積，在退休時可以累積出一筆資產，讓我們退休後可以安享晚年。

「自動化存錢系統」的功能，對於才要建立存錢習慣的新手來說，這個功能最能協助你克服「懶惰」、「衝動」、「浪費」等存錢心魔，強迫你在不知不覺中持續而有紀律的執行每月存錢計劃。自動化存錢系統實行步驟如下：

一、將所得收入扣掉所得稅。

通常公司的人事財會單位會協助扣掉每月的的所得稅，如果沒有也可以自己設定扣下來。

二、生活緊急預備金也稱為小資的安全存款。

是一筆拿來應付臨時意外狀況的存款，這筆錢不能用來投資，只能放在可以隨時取用的地方，用來應付生活意外狀況。通常緊急預備金會準備「六個月的生活支出」，如果你一個月的開銷是兩萬元，那就是準備十二萬元。六個月是參考台灣「失業平均週數」，但每個人實際狀況不同，可以根據年紀、家庭成

員狀況等因素做調整。

◎表：不同年齡失業者平均失業週數

年齡	1 年間	3 年間	5 年間	10 年間
全部年齡層	26.04	27.8	27.23	27.22
25-44 歲	28.75	30.05	29.15	28.96
45-65 歲	27.88	30.15	29.37	30.85

單位：週，資料來源：主計處

三、每月自動執行 631 理財分配法則。

適合小資族的 631 理財分配法則。如果想要達成未來的理想生活，就要開始檢視自己每月「儲蓄，消費支出及投資的黃金比例分配」。Dr.Selena 之前提出最適合小資的「6：3：1」的法則，將每月收入區分為「生活開銷」、「儲蓄投資」與「保險＆投資自己」三大類別，將薪資依照規劃區分比例後，接著可以透過扣除必要花費，來計算剩下資金的使用額度，以精準控制消費。

◎適合小資族的 631 理財分配法則

每月支出比例	每月花費 食衣住行 60%	每月投資 30%	投資自己 or 保險 （書 or 上課） 10%
你的實際支出			
佔比			
需改善的部分			

　　簡單來說，631 法則就是：生活開銷百分之六十，這包含所有消費，舉凡接下來，要規劃百分三十的儲蓄及投資，如果儲蓄已經達到一定金額之後，你就可以從這個比例再去做細分。可能是百分之十用於儲蓄，另外的百分之二十再拿去投資。

　　舉例來說，小玲的每月月薪為 30,000 元，採用 631 法則計算，「生活開銷類」的總額度為 18,000 元，扣除每月房租 8000 元、通勤費 2000 元，剩下的 8,000 元即為每月可以剩餘額度，是生活中要花到的錢，都包含在這 8000 裡，也就是說小玲每日便不能花超過 266 元在每日飲食、娛樂等項目上，避免影響未來的理財規劃。可以免費下載使用 Dr.Selena 631 理財投資 APP，根據「6：3：1」比例分配消費預算，每大輕鬆記帳，並設有預算

超支提醒，有效控管不必要的花費。

◎小資必學聰明理財術：631 理財法

631 理財術 (月薪 30000 元試算)	項目	支出比例	金額
	日常生活開銷	60%	18000 元
	儲蓄投資	30%	9000 元
	進修／保險	10%	3000 元

值得注意的是，你的儲蓄比例最好不要小於百分之三十，不然存錢速度就會變得非常緩慢，而且可能會很難存到錢。利用比例分配原則最好的原因就是，如果你薪水上漲了之後，每個月的儲蓄金額也會因薪水上升而跟著調高，你就不用再為該存多少不知所措，這個方式會提供給你一個準則。

可按自身狀況調整理財比例：631 → 541

現階段的 Dr.Selena 已經從 631 法則晉升到了 361 法則：百分之六十是儲蓄及投資，而百分之十則是買保險或投資自己（進修學習的花費），接下來的百分之三十才是消費。

小資族接觸投資理財一段時間之後，除了學會斷捨離並將物欲下降之外，每個月開銷其實並沒有用到百分之六十那麼多，甚至有時候還會有剩餘的錢，讓繼續留到下至於在儲蓄的部分，因為許多小資族已經存到第一桶金，取而代之的是開始將收入

的百分之四十在投資上。

點想要提醒大家，投資理財一定要利用閒錢，千萬不要因為一場虧損，而賠上你的整個人生，這樣反而本末倒置。大家也可以依照每個人生階段的不同需求，來規劃自己儲蓄及支出的比例。

造專屬的「自動化存錢系統」，就不用擔心自己會因為工作忙碌、或是偷懶怠惰而沒有持續儲蓄，只要每個月持續有薪水入帳，這個自動化存錢系統就能每月幫你源源不斷的把錢存起來。

完美的計劃，也都需要靠良好的執行力來搭配。若是擔心自己的消費習慣不好、自制力不夠，沒辦法確實執行儲蓄計劃，急需透過外力強迫自己確實按照計劃執行，那就更要善用以下介紹的四種無痛存錢法：

● 無痛存錢法 1 → 52 週存錢法。簡單來說就是一週只要存一次錢，你可以先從第一週存十元，第二週存二十元，接下來每一週都遞增十元的存錢金額，如此一年可以存下一萬三千七百八十元。透過遊戲般的存錢體驗讓你感受到，原來存錢儲蓄並非一件難事。

● 無痛存錢法 2 →找出生活浪費拿鐵因子，每天努力多存下一百元。

- 無痛存錢法 3 → 每天多存一元小豬公。第一天投一元、第二天投二元、第三天投三元，以此類推……第三百六十五天時，總共就有六萬六千七百九十五元。

- 無痛存錢法 4 → 夢想小豬公。可以將買不同的小豬公，上面貼上你的夢想名稱，比如說買房基金、環遊世界……，每次身上有零錢時就放入小豬公，等小豬公滿的時候，就可以把它存起來當投資的基金，當你習慣把身上的小錢都存下來，慢慢的你會漸漸愛上為未來的夢想努力存錢的感覺！

提高致富力的法則三：增加多元收入

小資族努力打造多元被動收入需要兩樣東西：時間或金錢。

改變收入結構，開啟多重收入來源

曾經在網路上看過一篇文章，國際民航組織 ICAO 制定了一個標準叫 ETOPS，即代表當雙引擎飛機其中一個引擎失靈時，飛機可以依賴剩餘引擎繼續飛行的時間，比如說 ETOPS-180，表示單靠一個引擎還可以飛行一百八十分鐘。所以只要飛機飛行時，距離最近的機場在一百八十分鐘的距離內，只有一個引擎工作的飛機還是安全的飛往目的地！

小資族擁有多重收入為什麼重要？

許多上班族目前的收入來源只有一個就是薪水，這屬於依賴型收入時，萬一現在與未來的工作環境裡有意外或風險。（**所謂依賴型收入就是你的收入來源自主性不高，依賴的不是你的工作能力，而是公司的生存能力。**）

而這個就是一般上班族需要多重收入來源的原因：因為全球化的競爭當前的產業變化速度太快了，有時你無法在確保你的工作永遠存在，所以只靠單一收入來源想養活自己到存夠退休金退休，你必須擁有兩個以上的收入引擎，確保在其中一個失去時，你還可以有另外一個收入引擎讓自己可以喘口氣、多飛一陣子，直到找到下一個新的工作。

巴菲特曾說過：「如果你沒找到一個連睡覺時都能賺錢的方法，你將會工作直到死亡那天。（If you don't find a way to make money while you sleep, you will work until you die.）」

> ➡ 所謂「被動收入」，是種只要付出一點努力進行維護，就能定期獲得的收入。

甚至當你沒有主動工作時，仍可賺取的利益。

巴菲特的說明是很棒的被動收入定義，被動收入最簡單的解釋，就是「你不用做任何事情，就算你再睡著時錢還是一直持

續滾入你的口袋」。

從單一收入到成功建構未來收入，有兩個關鍵：累積足夠資產＋夠長的時間。以滾雪球為例，「如果你想要滾出大雪球，不只斜坡要持續有雪，斜坡長度也要足夠；換句話說，想要存夠錢到可以翻轉人生財富，前提都是要累積一定程度的資產（存款）。」

更進一步來說，被動收入的定義可能顛覆許多人從小到大努力拚命工作賺錢的觀念，它則是強調不靠體力或勞力換取金錢，透過付出一點努力而獲得長期且重複的現金流。

這也同時是許多理財專家們提倡所謂達到財富自由必須要擁有的一項技能，只需要在一開始就做一些事前準備，在完成大部分事前準備工作後，被動收入會不斷增加，相反的不需要你付出太多努力。

所有想早日成功翻轉人生及提早實現財富自由夢想的上班族們，都一定要早日為自己建立一個多源的被動收入來源。

鎖定幾個被動收入的選項開始努力

小資族努力打造多元被動收入需要兩樣東西：時間或金錢。因此，你要考慮的第一件事，就是你可以支配的時間比較多，還是錢比較多，若要打造多元被動收入流，你絕對需要其中之一！

當你努力要釋出一些時間或是金錢時，可以先決定要追求哪一種被動收入流，以問問自己：你是時間比較多，還是錢比較多？如果你現在兩樣都沒有，釋出哪一項會比較容易？

雖然被動收入來源的種類非常多，但 Dr.Selena 覺得其實有兩大類被動收入非常適合小資族，一是個人品牌（自媒體收入）及投資相關收入！

◎兩大被動收入來源

個人品牌收入　　　投資相關收入

四種被動收入來源說明：

被動收入項目	項目舉例說明	所需時間及金錢
版權或權利金相關收入	· 紙本書、電子書、有聲書 · 照片 · 線上課程 · 付費訂閱收入 · 軟體或 APP 開發	大部分需要時間；只需極少或不需金錢
廣告與電子商務	· 聯盟行銷 · 網路廣告收入	大部分需要時間；需要極少的錢
投資組合收入	· 股息收入 · 債券收入 · 利息收入	需要花一些時間；需要金錢
租金收入	· Airbnb · 住宅型房產出租	需要一些時間和大量金錢

使用 SCRIMP 五要素

美國暢銷財經作家瑞秋・李察斯（Rachel Richards）在其著作《讓可愛的錢繼續滾進來：28 種財務自由的方法，讓你的錢比你會賺錢》（時報出版），提到可以使用 SCRIMP 五要素來判斷是否為自己合適的被動收入來源，從這三到四個選項中，找到那項最好的被動收入流。

SCRIMP 五要素是：

SCRIMP 五要素	說明
擴張性（Scalability）	能否大量製造或提供？
掌控度及限制（Controllability & Regulation）	你對於這個收入的掌控度有多高？
投入資本（Investment）	第一階段要投入哪些時間或金錢？
市場性（Marketability）	有需求嗎？
被動性（Passivity）	第二階段時，你要做多少工作才能維持這個收入流？

把 SCRIMP 五要素按照你認為的輕重緩急順序，重新排序一遍。最後，按照排好的順序，加上你那三到四個被動收入流的選項，就可以決定哪一項才是最好的被動收入流，你就能優先去追求。你不必限制自己只能追求一個，可以先試試看自己的第一順位的優先選項，等你漸漸上軌道之後，再回頭看看你手上的其他被動收入來源選擇，然後去追求第二順位的選項。

提高致富力的法則四：投資好

　　大部分的人從學校畢業後，找份工作開始上班是多數人必經之路，過著朝九晚五的日子，每天忙忙碌碌，下班後就只想在沙發上好好休息滑滑手機，不會想再花時間學習。也因此多數人不知道如何運用賺到的辛苦錢去投資，所以努力工作把錢好好存起來是唯一的投資管道。然而如果只是把辛苦賺來的錢存在銀行而不做投資，不但通膨吃掉你的錢，你資產價值愈存愈低，而且一輩子都無法脫離「**社畜圈**」（每天起床、上班、花錢；再起床、再上班、再花錢…）。

　　也因此在《富爸爸，窮爸爸》這本書裡提到：「窮人和中產階級為錢而工作，富人讓錢為他們工作。」這句話呼應也到開頭巴菲特說的那句話。

　　如果你只有單一工作收入的來源，那你將持續辛苦工作一輩子，但你如果學會運用你的金錢，讓錢也來替你工作，你的資產成長速度，會比你自己一個人努力還要更快，它不但不會偷懶或抱怨，反而願意為你二十四小時不眠不休的工作。

　　所以想改變生活，提早退休或脫離現在不喜歡的工作，你必須愈早開始學習如何正確的投資愈好。

小資為什麼要學習投資，有四大好處：

一、實現人生夢想

我們每個人一生有很多的大大小小的夢想想要實現，很多夢想都需要金錢及經濟上的支撐。比如，積累足夠的頭期款購買夢想中的房子，為子女建立教育基金，累計足夠的退休金，完成環遊世界夢想等等。這些夢想目標的實現，都需要我們好好做好財務規劃，對收支進行合理的規劃平衡。

二、擁有更美好的人生及未來

每個人都希望過好日子，而不僅僅是滿足基本的生活需求。你是否想買一間可愛溫馨的房子呢？是否每年旅遊一次呢？這些都是基本生活需求以外的奢侈想法，但並不是幻想，追求美好的的夢想及生活是投資計劃的另一個目標。

三、積極的追求睡後收入增加和資產的增值

我們每天除了通過辛勤地工作獲得薪水的回報以外，還可以努力通過學習投資理財使自己的資產增值，利用錢生錢的辦法做到財富的迅速積累，可以早日實現財富自由的夢想！

四、抵禦人生不可預測風險和災害

每個人一生之中，都會遇到各式各樣的意外或風險，比如生病，公司倒閉，親人去世，天災人禍等等，這些都會使個人財產

得到損失。在沒有出現不測時，要建立緊急生活準備金及存款，並且使財富增值。

常常聽到人家說投資可以「錢滾錢」或者所謂的「複利效果」。但是真的可行嗎？這是很多人的疑問。我們舉一個很經典的例子一六二六年，美國人用了大約二十四美元的貨物向印地安原住民換取了美國紐約曼哈頓島（Manhattan）。乍看之下，當時的印地安原住民好像吃虧了。但假如當年印地安人把這二十四美元拿來從事年報酬率百分之八的投資，而且把每年的利息都再滾進去複利，到了二〇二二年的今天，原來的二十四美元將因為複利的關係增值超過六百兆美元呢！

在理財規劃時，也必須設法運用複利的效果。否則，以一般大眾的生涯規劃，大約二十五到六十歲一共約四十五年的工作期間，卻要累積出足夠一生（包括工作期間以及退休後）花費的財富，談何容易！透過投資的複利效果，便不難達成。

小資投資好心法：找到你的 5% 財富雪球

所謂的複利指的是一種利息的計算方式，將本金所獲得的利息併入本金中，使資金規模擴大，並在下一期重複計息，透過不斷重複的累積利息達到利滾利的效果。

關於時間＋複利的神奇效益，股神巴菲特曾經給出了一句非常經典的例子：「人生就像滾雪球，你只要找到濕的雪，和

很長的坡道，雪球就會愈滾愈大。」（Life is like a snowball. The important thing is finding wet snow and a really long hill.）

百分之五的雪球投資存股哲學，指的不是投資人投入一筆資金只能賺到百分之五；而是把目標放在長期持續買進好公司的股票或 ETF，並將每年領到的股息再投入投資，就算每年殖利率只有少少的百分之五，也能夠在十四年之後靠著複利就能輕鬆翻出一倍的報酬率！

如果再伴隨著公司每年業績不斷的成長，股東股利分紅發放愈多，很有可能更短只要十到十一年左右，小資族就能提早達成資產翻倍的報酬率。所以百分之五真的不是只有百分之五，因為在長時間的複利效應錢滾錢之下，小資離財富自由的夢想其實並不遠，遙遠的只是要不斷持續克服人性中的貪婪及恐懼而已。

◎單筆投資（100 萬）

時間　利率	2%	5%	8%	12%
5 年	110 萬	127 萬	146 萬	176 萬
10 年	121 萬	162 萬	215 萬	310 萬
15 年	134 萬	207 萬	317 萬	547 萬

時間＼利率	2%	5%	8%	12%
20 年	148 萬	265 萬	466 萬	964 萬
30 年	181 萬	432 萬	1006 萬	2995 萬

◎定期投資（每年 12 萬）

時間＼利率	2%	5%	8%	12%
5 年	63 萬	68 萬	73 萬	82 萬
10 年	132 萬	155 萬	184 萬	232 萬
15 年	210 萬	268 萬	348 萬	504 萬
20 年	295 萬	412 萬	592 萬	999 萬
30 年	493 萬	835 萬	1,500 萬	3,529 萬

　　投資長期複利的效果，總是讓人非常心動及期待。但是實際上很多小資投資人並沒有辦法享受到複利的效果，只因為容易忽略了決定長期複利效果的三個關鍵：時間、報酬率以及本金。

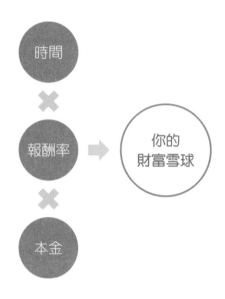

一、時間的因素：

　　要達到複利長期驚人的效果的關鍵因素在於「時間」，透過時間的長期不斷累積，將每次獲得的利息不斷地再投入投資，長期下來就能產生資產快速成長的目的。

　　而一般最常見適合小資族的方式就是定期定額買進股票、ETF 或是基金等投資工具，將每年所獲得的利息再一次投入買進同樣的投資標的（股票、ETF 或是基金），就能在隔年獲得更多的利息，這是一種適合懶人族及小資族使用的輕鬆投資方式，看似簡單，效果卻相當驚人。

　　我們可以從上面兩張複利統計表，投資人就可以一目了然。

不論是單筆投資或者定期投資，複利的時間愈長，可以累積的財富愈多。舉個例，如果我們一樣想在五十五歲退休，因此每年投資十二萬元（每月1萬），報酬率有百分之五的話。二十五歲跟三十五歲開始這個計劃，最後的金額分別是四百一十二萬跟八百三十五萬，中間差距相當大。

二、長期穩定的報酬率：

短期投資擁有超高的報酬率也許並不困難，但最難的是擁有「長期穩定」的報酬率。如果你的報酬率不穩定的話，儘管這一年有個百分之二十、百分之五十的報酬率，都很容易在未來產生虧損，而失去複利的效果。

一般來說報酬率容易短期衝高的股票，因為投機成分比較大的緣故，一般小資投資人普遍都不敢投入太多資金去買；所以這類股票雖然看帳面上的報酬率可能會很高，但整體的資金效率、整體的資金市值增加的速度，可能還不一定比穩健策略還快。

但是如果本金一千萬元，一年賺百分之五就有五十萬元，「本小利大利不大，本大利小利不小」，便是這個簡單的道理；而且這個百分之五滾雪球方法還可以每年不斷複製下去。

「長期穩定的報酬率」比「短期的高報酬」來得更適合小資族，因為一個穩健的策略，搭配專注本業工作持續累積更多投

資本金，讓我們主動收入＋被動收入都能兼修。

　　穩定報酬率的投資策略，不僅讓我們在平時敢持續投入資金，遇上大跌更敢放大本金，再加上長期時間複利的效益，反倒能讓整體的持股市值增加更快，最終賺得也不見得比價差交易者追漲停板股票的策略還少。

　　三、本金（雪球）：

　　除了時間跟報酬率兩個因素之外，一般來講投資的本金愈高也代表著有更多財富可以藉由複利的效果來累積。但小資族的情況是，收入來源有限，生活又有許多的各式各樣開支。所以在中間必須有所取捨，設定每月的 631 預算規劃，調整每月的收入與費用，努力節省出可供儲蓄及投資的本金。

十大投資工具超級比一比

　　風險來自對於自己投資行為的無知。投資最重要的是認清你知道什麼，並學習你不知道的事物。

　　——股神巴菲特

　　投資有賺有賠，所有投資工具都存在一定的風險，小資想要創造被動收入，需要開始學習投資理財，卻發現市面上投資工具琳瑯滿目，小資要如何找到最適合自己的投資工具呢？

　　以下整理十種小資常見的投資工具將分別介紹其性質，讓你在開始投資前能對各種投資工具先建立基本概念，擁有正確的投資心態，才能在這條路上走得遠，走得久。

　　投資前，先了解不同投資工具的特性與風險，好好學習瞭解各種投資理財並找到適合自己的投資工具及組合，是我們應該及早開始的事。

十大小資常見投資工具介紹

1. 定存

新手推薦：★★★★

・優點：低風險、入門容易

・缺點：報酬低

定存是最簡單的理財方式，幾乎無風險，視活存、定存利率決定獲利多少。銀行存款就是錢放在銀行，幾乎沒有風險！投資方式主要分為二種：活存和定存。

①活存：可以**隨時**存入或提取的存款，一般小資族的戶頭幾乎都是。

因為活存彈性比較大，所以利率就會比較低，每家的銀行利率也會有些許的差異。

②定存就是必須將錢存在銀行**一定的期限**，時間到了才能領回的存款。（定存有一定的最低限額，大約是一萬元左右。）

根據 Money101 網站最新公布（二○二二年）目前一、二、三年期的定期存款利率從 0.755%、0.760%、0.765%，調整至1.065%、1.100%、1.115%，民眾若存入一百萬元，一年期定存固定利率利息將由每年 7,550 元，提高到 10,650 元，增加 3,100 元。

而二○二二年是升息年，目前央行宣布升息 1 碼，以一年期的定存為例，每調高 0.25 個百分點，每一百萬元存款可增加 2,500 元利息，對定存族來說可說是一大利多。

2. 儲蓄險

新手推薦：★★★☆☆

· 優點：低風險、入門容易

· 缺點：報酬低

　　定存與儲蓄險都是約定一段儲蓄期間並承諾給予一定利率，但其報酬率相對較低。儲蓄險泛稱以儲蓄為目的的各種保險類型商品。

3. ETF

新手推薦：★★★★★

· 優點：分散投資風險、交易成本較低、選擇多元

· 缺點：追蹤誤差風險、不適合頻繁交易

　　股神巴菲特都建議投資人可以以指數化投資作為長期投資的選擇，你就能發現 ETF 是相當適合所有人的一種投資工具。

　　ETF 指的就是「指數型股票基金」，有著像股票一樣能夠直接在交易市場進行交易，同時也擁有像基金一樣的架構模式，一個籃子同時包含數家公司的股票成分，舉例來說當你買進元大台灣 50（股票代碼：0050）你就等於同時投資了全台灣前 50 大市值的好公司。

　　ETF 具有分散投資風險的好處，在投資前你只需要了解該檔 ETF 所追蹤的指數，包含的成分股有哪些，以及你投資目標是想要讓資產能「產生固定收益」還是「穩定成長」，就不需要花時間研究個股。

而在交易成本上 ETF 所需要負擔的證交稅又比股票具有優勢（證交稅：ETF 0.1%；股票 0.3%）。

4. 台股：

新手推薦：★★★★☆
- 優點：收益高、流動性高、選擇多
- 缺點：波動大需花時間研究

股票是公司籌措資金的一種方式，公司透過發放股票，讓投資人成為股東，而投資人購買股票後即可分享公司的經營成果。此外股票是在交易市場買賣，因此也有機會賺到價差。雖然相較於其他投資工具有較高的報酬率，但相對的波動風險也較高。

投資股票的第一步需要先到證券公司（如凱基、富邦、國泰、永豐證券……等）開立證券帳戶才可以進行下單交易。

股票的獲利主要分成兩種，一種是長期投資賺取每年的配股配息，又稱為存股；而另一種是賺取股價變化時產生的買賣價差。

5. ETN（Exchange Traded Note, ETN）

新手推薦：★★★ ☆☆
- 優點：分散投資風險、交易成本較低
- 缺點：發行券商可以強制贖回，投資人等於會被強制停利或

停損。

ETN 全名是指數投資證券（Exchange Traded Note, ETN）。

ETN 的發行人是證券商，到期時，券商會給投資人所追蹤指數（例如：股票指數、商品價格指數）在持有期間的相同報酬。舉例來說，A 指數在持有期間上漲 10%，到期後投資人可以得到（10% 報酬－管理手續費）。

簡單來說，ETN 可視為「無追蹤誤差，有到期日的 ETF」。

ETN 和 ETF 雖然同樣都是追蹤指數，也都具有投資門檻低、交易便利的特性，可是兩者的本質完全不同。

兩者最大不同是 ETN 不持有任何資產，因此不保本、無擔保且無第三方保證，而且當指數上漲或下跌超過一定幅度時，券商可以強制贖回，投資人等於會被強制停利或停損。

以追蹤的指數屬性來區分，目前市場上的 ETN 大致可分為市場指數型、產業型、主題型及海外型，投資人可以依偏好選擇適合自己投資屬性的 ETN。最近陸續有多檔聚焦電動車、ESG、股息、IC 設計、綠能等主題或產業的 ETN 掛牌上市，投資前建議查詢證交所官網的 ETN 專區進一步了解 ETN 商品資訊、特性及投資風險。

證券代號	股票（ETN）名稱
020001	富邦存股雙十 N
020028	元大特選電動車 N
020018	統一價值成長 30N
020022	元大電動車 N
020031	統一 IC 設計台灣 N
02001R	富邦蘋果反一 N
020032	元大綠能 N
020024	兆豐富櫃 200N

6. 共同基金：

新手推薦：★★★☆☆

· 優點：分散投資風險、投資門檻低、節省研究時間

· 缺點：交易成本高（申購費、保管費及經理費等）

　　基金投資指的就是由一群投資人將資金交由專業經理人進行操作和管理，由於基金公司募集了眾多投資人的資金，因此經理人會資金分配到不同的投資標的，如股票、債券、商品或貨幣等。

　　基金有兩大特性：首先是節省時間，因為資金已交由經理人管理，投資人不需要花費過多時間去管理；其次是基金的種類

多元，基金分布的項目非常廣泛，按照投資類別可以區分為：股票型基金、債券型基金、平衡型基金…等，投資人可以按照想投資的類別輕鬆進入市場。這種分散投資風險，對於沒投資經驗或沒多餘時間研究的人小資族是很好的入門投資選擇。

如果基金有賺到一定的收益，就會配發一些利息給買基金的人。但也有基金是不發利息的，而是把收益再投入去買基金。

7. 外幣投資

新手推薦：★★☆☆☆
・優點：流動性高、24 小時都能交易
・缺點：匯率風險

外幣交易指的就是將一種貨幣換成另一種貨幣，如果你曾經有出國過，只要有拿台幣去銀行換取當地國家的貨幣，你就是在做外匯買賣喔！

通常匯價取決於兩國的物價水準（即兩貨幣的購買力評價），中期決定於一國經濟情況與經常帳變化，短期則取決於實質利率水準。

對外幣投資新手來說，買賣外幣第一步就是要看懂銀行牌告「現金匯率」與「即期匯率」差異性。

「現金匯率」是與銀行買賣外幣現鈔時使用，因現鈔會反應

銀行訂鈔費用及庫存成本，所以匯率較高；若是直接於銀行帳戶買賣外幣、進出口貨款、外幣基金買賣則看「即期匯率」，匯率可能較低。

外幣優惠定存也是許多投資人喜愛的投資工具之一，近來外幣定存利率雖不如以往高，但有外幣需求之民眾，仍可選擇優於活期存款利率的定期存款，做為資金暫時避風港。

小資投資人從事外幣優惠存款時，最重要的就是把握利率與匯率的消長、慎選貨幣，否則便可能同時蒙受利息與匯差的雙重損失。

8. 房地產

新手推薦：★★☆☆☆
‧優點：穩定性高、報酬穩定
‧缺點：不易馬上變現、投資門檻較高

一般來說房地產這項投資工具所需要的資金相較於其他投資工具來說門檻更高，需要準備較多的資金，光是頭期款自備的部分一般需要準備三成左右的資金（以一間一千萬的房子來說就要先準備大約三百萬左右），而購買預售屋、新成屋及中古屋時與銀行貸款成數也會有所差異。

參考買房目標

目前狀態	買房目標價	3 成自備款	7 成銀行貸款
單身自住首購 （套房或 1-2 房）	500-800 萬	150-240 萬	350-560 萬
結婚換屋 （3 房以上）	1200-2000 萬	360-600 萬	840-1400 萬

房產頭期款所佔比例，可依欲買房目標價去做準備。

實際房價會依區域、屋況價格不同，本表僅提供參考。

　　投資房地產主要的收益來源為「房租收入」以及「房價價差」，而通常會影響房地產價格的因素眾多，包含景氣、政治變動、學區、區域未來發展、交通建設、台積電設廠……等，都會使市場出現成長與衰退的循環。

　　若以房價價差為投資目標，通常房價的漲幅一般不像其它投資工具（股票、外匯…等）來的大，因此需要花上幾年或數十年的等待，才有機會帶來高額獲利，這部分也是投資人在進行投資時需要考量的一件事。

9. 海外投資（美股）

新手推薦：★★☆☆☆

‧優點：投資選擇更多、市場更多元

．缺點：要先把資金從台幣換成美金投資，可能有匯率的損失

近年來美股投資熱潮席捲全台，根據永豐金證表示，二○二一年美股表現火熱，市場全年複委託成交金額 4.32 兆元，創下歷史新高。

小資投資美股的三大理由：

一、投資選擇更多元：台灣上市櫃公司加總不到 2,000 家，美股光上市公司就超過 7,000 家。

二、美股更多全球知名龍頭企業：台股多為中小型企業，投資美股可以投資全球化的頂尖企業比如蘋果、星巴克、好市多、可口可樂。

三、投資美國更投資全世界：除了股票，美股還有多元的 ETF 選擇，除了追蹤美國 S&P500 的 ETF（如 SPY），還有全球型 ETF（如 VT）、新興市場 ETF（如 VWO）等，讓你輕鬆投資全世界。

小資要投資美股有兩種方式，一種可以選擇開一個海外券商，一般交易功能除了單純的現價、市價買賣單外，像是 Firstrade 券商還提供長天數（90 天）的委託單模式，讓投資人能夠更彈性、方便地交易股票。

另一種方式可以選擇以國內券商複委託的方式來投資美國股票市場。

10. 虛擬貨幣

新手推薦：★☆☆☆☆

· 優點：在多頭市場時可能收益高

· 缺點：需花時間研究，風險高波動大

　　虛擬貨幣、數位貨幣是一種電子貨幣，透過區塊鏈技術、複雜的密碼學原理來控制交易安全、交易單位的媒介，你可以把它想成是一種資料寫錄的功能，像是電子記帳資料庫，

　　但是每一筆交易都會永久記錄在雲端區塊上面，而且有不可竄改的特性。區塊鏈技術因為加密運算技術複雜、每個資料是分散式存在不同雲端上，因此有去中心化的特色，比較不會受到第三方的外力干涉。

　　加密貨幣市場 24 小時全年無休，行情通常來的又多又快但跌的時候幅度也是很驚人。一般來說虛擬貨幣交易，有點類似於炒股，通過技術面分析、消息面分析、籌碼面分析等，來判斷買賣的時機。

十大投資工具超級比一比

　　介紹完「小資族常見的十大大投資工具」後，你是否對投資工具的選擇有一些基本的的認識呢？接下來大家可能會問：那我到底要投資哪個好？能不能推薦我一種？

◎十大小資常見投資工具超級比一比

投資工具	投資風險	優點	缺點	適合小資
定存	★	· 風險低 · 收益穩定	報酬率低，無法抗通膨	★★★★★ （尚未熟悉其他工具之前）
儲蓄險	★	· 風險低 · 收益穩定	報酬低	★★★ （尚未熟悉其他工具之前）
ETF	★★★	· 分散投資風險 · 節省自己研究時間 · 投資門檻低 · 選擇多	· 追蹤指數誤差 · 不適合頻繁交易	★★★★★
台股	★★★	· 收益高 · 流動性高 · 選擇多	· 波動大 · 需要花時間研究	★★★★
ETN	★★★	· 分散投資風險 · 節省自己研究時間 · 投資門檻低	發行券商可以強制贖回，投資人等於會被強制停利或停損。	★★★
共同基金	★★★	· 節省研究時間 · 分散投資	· 較不透明 · 需較高支付管理費用	★★★
外幣投資	★★★	· 流動性高 · 24 小時都可交易	匯率風險	★★
房產	★★★	· 收益穩定性高 · 報酬高	· 投資門檻高 · 不易馬上賣出變現	★★

投資工具	投資風險	優點	缺點	適合小資
海外投資（美股）	★★★★	·收益高 ·流動性高 ·選擇多	·需要花時間研究 ·交易時間不同	★★
虛擬貨幣	★★★ ★★	·交易不受時間地區限制，世界通用，365天24小時都可以交易 ·可參與元宇宙世界	·需花時間研究 ·風險高波動大	★

◎小資常見的兩種投資賺錢策略

錢變大
（賺價差）

賺股息
（領股息）

1. 長期投資：領配股配息為主

近年來，台灣投資人存股風氣也愈來愈盛行，找到一間好的公司長期持有，並且每年都可以穩定領到百分之四至五以上的

的股利，而這部分就需要投資人花時間去了解一家公司的財務業績狀況，也就是所謂公司的基本面。

當你發現一家好的公司，買進該公司所發行的股票，你就成為公司的股東，隨著公司的成長與獲利成長，當公司有賺錢時，會按照持股比例分紅給股東，這個分紅就是股利。股利有兩種形式：股票股利和現金股利。股票股利是發股票給你；現金股利是發現金給你。

二、短線操作：賺價差為主

主要利用短時間內透過買賣賺取股價短期漲跌波動之間的價差，但此交易模式一般不適合小資新手，短時間股價的波動程度，取決於供給和需求。

因為往往一家公司所發行在市場上可以進行交易的股票是固定的情況下，當這家公司有相關重大利多消息（可能是產品報價漲價、產品供不應求、接獲大訂單、獨家打入某一市場、具有未來各種想像題材……等），當大部分投資人未來看漲時，就會想要趕緊進場買進股票。

當想買的投資人多於想賣的人（供不應求），股價就會上漲；而當想賣的投資人多於想買的人（供過於求），股價就會下跌。

因此短線或高頻交易，多會以技術面、籌碼面及消息面為主，小資族在不了解這些面向的觀念及使用技巧時，很容易在

投資交易過程「追高殺低」，慘淪為被主力修理收割的韭菜族。

　　了解常見的十大投資工具後，小資可以按照自己的投資性格，可忍受的波動，追求百分之百的報酬率，擬定投資策略，願意花多少時間研究，最後挑出最適合自己的投資工具，再進一步找出適合自己的投資標的。在尋找適合自己的投資標的時可以考量以下六個思考重點：

---

1. 願意花多少時間在投資理財上：每天可以花在研究投資的時間有多少？

2. 擬定好你的投資策略（兩種投資策略：領配息，賺價差）。

3. 了解你的投資性格（附錄有投資性格測驗，可以測驗出你是那一種投資性格的人）：自己可以忍受的風險波動，可承受失去本金的程度為何？

4. 追求多少投資報酬率：希望追求什麼樣的報酬率？

5. 願意等待多久的時間：長期投資或短期投資。

6. 交易成本：投資標的需負擔多少額外費用？

　　以上幾點相輔相成，投資人若想要高報酬勢必要承擔高風險，在找出自己的投資需求後，即可按照自己的需求找出適合投資工具及組合，開啟美好的投資之旅。

小資入門最適合的投資工具＝股票＋ETF

對一般非專業的投資人來說，低成本的ETF（指數股票型基金）是最好的投資。」——巴菲特

老話一句，每個人投資性格雖不同，每個人都有適合自己投資的方式（可以參考附錄三中做投資理財性格測驗看你自己是那一種投資性格的人）。但 Dr.Selena 認為，對小資族而言，投資股票或 ETF 是一開始比較適合小資族入門的方式。除了可以賺錢以外，更重要的是，它不只是被動的買進，而是你本身會參與其中，一買一賣的相關投資決策思考中，其實會學到更多！

◎一般常見股票類型介紹

常見股票類型	特性說明	類型代表	建議適合投資性格
定存股（金融股）	· 股價波動小、較為穩定的公司，必須是不會隨著趨勢改變和消失的產業，民生必需，波動比較小。 · 不需要時時盯盤 · 主要以領息為主，買進後盡可能不賣出。（獲利方式：長期固定的股利收入） · 適用懶人。長期持有 10-20 年，領取固定股息收入。 · 股票漲跌與你無關，如果大跌甚至應該開心，等於買進的股票成本降低。	電信股：中華電信、台灣大、遠傳 金融股：第一金、兆豐金、合庫金	白兔保守型

常見股票類型	特性說明	類型代表	建議適合投資性格
價值股（好老公股）	· 發展規模和成長空間，已趨於成熟且穩定的類股。 · 因成長潛力較有限，市場對股價表現預期不高，股價相對波動幅度較小，本益比偏低。 · 因較無成長性投資機會，因此現金股利發放金額比較多。 · 現金股利是價值型股票主要報酬來源。 · 適合穩健保守投資人。 · 一般市價相當於淨值。 · 通常當全球景氣由盛轉衰時，股市偏空頭時應投資價值型股票。	例如：好老公股中的櫻花、詩肯	白兔保守型 金牛穩健型
成長好股	· 公司未來成長潛力空間大通常以科技類股為主。 · 公司盈餘主要用於進行成長性的投資，導致現金股利發放偏低，不過因市場預期將成長，給予的本益比會偏高。 · 資本利得是成長型股票主要報酬來源。 · 通常當全球景氣佳，股市呈現多頭走勢，投資可偏重成長型股票。	例如：台積電、信驊	紅狼積極型
景氣循環股	· 景氣循環股在國外是稱周期性股票（Cyclical Stocks），是容易受到景氣循環的影響股票，也就是隨著經濟周期，漲跌波動更劇烈的股票。 · 當經濟快速成長時，這些行業的股票就會大幅上漲，相反的，當經濟人幅衰退時，這些行業的股票就會大幅下跌。	例如：長榮、萬海、陽明、中鋼、友達、群創	紅狼積極型

常見股票類型	特性說明	類型代表	建議適合投資性格
景氣循環股	・包括原物料，也會受到經濟起伏的影響（因為經濟衰退、商品價格下跌，生產者就會停止生產，而導致原物料供應短缺） ・具有高風險、高波動的特性，容易大起大落。 ・投資這類股的投資人必須能準確預測經濟趨勢、可以承擔高度風險的人，操作難度相對比較高。	例如：長榮、萬海、陽明、中鋼、友達、群創	紅狼積極型
投信認養股	・國內法人當中，最具有指標意義的就是投信公司，所謂投信，就是大家俗稱的「基金公司」主要透過募集基金的方式集合眾人資金，並交給基金經理人操盤。 ・與外資相比，投信的資金水位較小，通常鎖定具有基本面及題材面的中小型個股操作，操作時間數天到數個月不等。 ・常聽到的「投信認養」就是指投信投入資金並且特別關照的股票，這類型股票通常短期漲勢可期，但相反的當投信轉向的時候，跌幅也不容小覷。 ・而一般來說投信所募集的基金因為每季都會計算績效，這時為了讓基金績效端得上檯面，也會開始在每季季底（3月、6月、9月、12月）拉抬或出清持股，就是常聽到的投信「季底作帳」。	比如玉晶光，中探針，瑞昱，神準	紅狼積極型

認識好老公股

Dr.Selena 獨家為小資族打造的三高好老公選股策略 -

三高選股法，找到你的好老公股年年加薪 30%

「好老公三高股」

1. 每股盈餘 (EPS) 連續 5 年 >1 元

2. 股東權益報酬率 (ROE) 連續 5 年 >10%

3. 股利殖利率連續 5 年 >4%

想認識更多好老公股可以免費下載好老公選股 App

https://cmy.tw/00AeGq

◎三種投資性格適合的投資工具

Dr.Selena 依照三種投資性格及不同股票類型設計一張圖表，方便大家可以查看不同投資性格適合的投資工具（股票&ETF），詳細說明如下方：

白兔保守型投資人		金牛穩健型投資人		紅狼積極型投資人	
高配息 ETF　定存股　低價銅板股		好老公股　大盤 ETF　成長好股		主題型 ETF　景氣循環股　投信認養股	

定期定額策略　　存股領配息策略　　短／長期賺價差策略　　當沖、動能高頻交易

投資重點：
1. 長期投資實踐時間＋複利
2. 選擇適合自己的 ETF 或股票

投資重點：
1. 追求每年穩定的報酬率
2. 領到配息再投入
3. 能判斷一間公司是否值得長期投資

投資重點：
1. 能承受股價大幅波動
2. 懂基本技術面指標

◎三種投資性格的投資標的參考建議（股票＋ETF）

投資性格	股票類型	ETF
白兔保守型	定存股、金融股、價值型股（好老公股－存股型）、低價銅板股	高配息型 ETF
金牛穩健型	定存股，價值型股（好老公股－存股型）	大盤型 ETF、高配息型 ETF
紅狼積極型	價值型股（好老公股－價差型）、成長好股、景氣循環股、投信認養股	大盤型 ETF、各種主題型 ETF

白兔保守型投資人

對於投資風格比較保守的投資人來說，可以投資股價波動小且能夠提供穩定現金流的投資標的比如說定存股，金融股，好老公股或高配息型 ETF，因為對這類型投資人來說，是否能夠獲得高報酬往往不是他們所追求的首要目標，每年都可以有穩定的配息現金流入袋才是讓他們感到安心的投資方式。

金牛穩健型投資人

對於想要獲得穩健報酬的投資人來說，可以投資定存股，價值型股（好老公股）或是**元大台灣 50(0050)** 因為 0050 的**成分股**包含台灣股市中市值最大的五十檔股票，**大多都是營收穩定成長的產業龍頭股**，另外也可以考慮挑選「營收成長穩定」的產業龍頭股，主要原因是產業龍頭股往往是發展成熟的公司也是相對穩健的好公司。

挑選現金股利發放穩定的公司

　　為什麼要注意公司有沒有穩定發放股利呢？因為有些經營狀況不是很穩定的公司，可能只是因為近幾年特別賺錢的關係，才開始發放現金股利，所以挑選這類型股票時，比較好的方法是觀察公司過去五年甚至十年發放股利的狀況，像 Dr.Selena 的好老公股櫻花連續十年都有 5-6% 以上的高殖利率，也是現金股利發放穩定的公司代表之一。

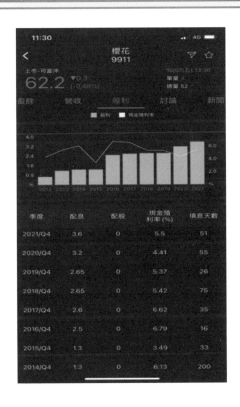

紅狼積極型投資人

對於想要在股市中獲得高報酬的紅狼積極型投資人而言，可以考慮投資投資成長好股像台積電或是「未來明星產業趨勢主題 ETF」。明星產業趨勢的主題型 ETF，舉例來說，像是電動車或 5G 網通，這類型主題型類型的 ETF 因為受惠於當下的產業趨勢，所以具有相當高的成長潛力！以電動車來說，為了因應全球暖化，全球的汽車大廠都在減少燃油車的生產，並將主力移到電動車的生產線，所以許多生產電動車零組件供應商的股價，便有機會受惠於「電動車」這波產業趨勢。

ETF Smart 3 投資配置法

　　ETF 因具備成本低、風險分散及持股透明等三大特性，讓全球資人紛紛將 ETF 納入資產配置的重要一環，運用核心、受益及衛星投資模組建構有效率的投資組合。

　　最後如果小資族覺得選股還是有困難，希望可以用更簡單的方式進行長期投資的話，Dr.Selena 也設計了適合小資參考的 ETF 投資佈局之一——Smart 3 組合，分三塊「核心、收益、衛星」配置，小資投資人投資布局時最重要的就是穩健與持續現金收益就算只專注在核心商品佈局，也足以超越通膨保護購買力，更何況核心部位是追求市場整體績效，整體市場是偶而回檔但長期趨勢向上，既然都知道這是必然的結果，那在台股市場中如何簡單佈局適合自己的 Smart3 部位呢？

小資投資佈局Smart三組合

一、核心佈局配置：核心資產的功用是為了保護資本、獲取長期穩定的報酬，因此必須挑選波動率較低，適合長期投資的標的，例如大盤型 ETF「元大台灣 50」，股票代號為 0050，0050 只投資台灣市值前 50 大的好企業，如果我們把投資 0050 的時間拉長到涵蓋金融風暴的近 15 年期間（2006 ～ 2020 年），15 年下來的累積報酬率仍然高達 250%，如果投資人初始投入本金為 100 萬元，15 年後可以拿回 350 萬元。換算 0050 這 15 年下來的年複合報酬率大概還有 8.75%。

◎ 0050 投資時間愈長報酬率愈高

持有時間	5 年 （2016-2020）	5 年 （2011-2020）	15 年 （2006-2020）
報酬率（%）	138	170	250
年化報酬率（%）	8.75	10.5	19

說明：假設本金 100 萬元，每年領到股息再投入

圖片參考來源：Money 錢雜誌

二、收益佈局配置：對小資投資人而言，可以固定領「股息」一直有股難以言喻的超強吸引力，尤其是那些主打高配息、高殖利率的投資標的，往往能讓小資族趨之若鶩、奔向高股息族

群的懷抱。

以台灣上市櫃的股票（原型）ETF 做觀察，在定期定額 ETF
人氣排行前十名中，高配息 ETF 就佔了三檔之多，足以可見「高
股息」對投資人的吸引力有多大。

◎小資最愛的十大定期定額 ETF

名次	代號	ETF 名稱	交易戶數
1	0050	元大台灣 50	160,996
2	0056	元大高股息	125,773
3	00878	國泰永續高股息	88,390
4	006208	富邦台 50	71,410
5	00692	富邦公司治理、	28,513
6	00881	富邦台灣 5G+	24,004
7	00885	富邦越南	12,845
8	00850	元大台灣 ESG 永續	12,367
9	00893	國泰智能電動車	9,531
10	00701	國泰股利精選 30	8,093

（資料來源：台灣證券交易所網站 統計時間：2022/08）

而在台股原型 ETF 市場中，強調高配息型 ETF 比較受廣大小
資族喜愛的大概有兩檔，分別是元大高股息（0056）、國泰永續

高股息（00878）。

國泰永續高股息 ETF（00878）是近年來國人愛高股息 ETF，也是小資族首選佈局標的之一，規模持續增大，在 2022 年 8 月基金規模正式突破千億門檻，達到 1002.05 億，成為台股第 3 檔千億級 ETF，同時也是 2022 年零股交易成交量排名第一標的。

00878 廣受小資族青睞，也在網路上引起「愈跌愈要買」的熱烈討論。由於 00878 是採季配息，價位仍處「一字頭」的親民價格，再加上二○二一年四次除息，分別只花了一到十七天就順利填息成功，因而讓許多投資人倍感興趣把它當作長期存股的標的！（Dr. Selena 整理出台灣重要配息年曆於附錄四提供給大家參考）

三、衛星佈局配置：ETF 也適合作為衛星投資工具，投資人可依市場變化靈活調整部位，選擇前景或成長性較好、波動性較大的產業或主題型股型 ETF（例如電動車或半導體）作為衛星投資工具，藉由選股或是順著投資趨勢挑選產業別來獲取超額報酬為投資組合加分，輕鬆地透過被動式投資工具來進行主動式資產配置。

投資人如果真的很擔心時機點的掌握，最佳投資方式就是透過定期定額，每月持續不間斷扣款，不論股市高低都堅持扣款，小資聰明投資就這樣，早點開始、相信長期投資，透過定期定額每月自動扣款打敗恐懼貪婪心魔，幾年後就歡喜收割投資獲利，

長期投資獲利就是這樣簡單！

◎小資族的定期定額懶人投資致富四秘訣

1. 買進市場老牌 0050（核心部位）+ 00878 or 00713（收益部位）
2. 堅持定期定額，遇到空頭也不停扣、靠每月自動投資打敗心魔
3. 拿到股利再投入，加速投資部位再成長
4. 積極型投資人有興趣再酌量布局衛星投資（主題型 ETF）追求更高的報酬！

◎三種投資性格的 Smart 3 的資金配置參考

投資性格	定期定額 ETF 配置參考
白兔保守型	高配息 ETF （00878、00713、00701……）
金牛穩健型	大盤型 ETF（0050、006028）+高配息 ETF（00878、00713、00701……）
紅狼積極型	大盤型 ETF +高配息 ETF（00878、00713、00701……）+衛星型（例如：電動車或半導體相關 ETF）

（組合比例可以自行調整）

　　有時候我們想追逐財富自由的夢想時，卻沒發現最簡單的工具一直都在那，Dr.Selena 始終認為 ETF 是小資投資人最適合及理想的工具之一，有時「簡單投資工具＋持續長期投入＝雪球績效累積」這就是投資的賺錢獲利不敗方程式。

附錄一：資產負債表格式參考

分類	項目	範例	1月	2月	3月	4月	5月	6月	7月	8月	9月	10月	11月	12月	年度結算
資產現值	台幣活存	$100,000													
	台幣定存	$200,000													
	股票	$50,000													
	儲蓄型保險														
	基金	$25,000													
	房地產														
	總資產	$375,000	$-	$-	$-	$-	$-	$-	$-	$-	$-	$-	$-	$-	$-
負債 已知項目可先排入，有變動再每月更新最終數字	消費性貸款	$8,000													
	信用卡卡費	$10,000													
	房屋貸款														
	汽車貸款														
	其他費用	$20,000													
	總負債	$38,000	$-	$-	$-	$-	$-	$-	$-	$-	$-	$-	$-	$-	$-
個人淨值	總資產－總負債	$337,000	$-	$-	$-	$-	$-	$-	$-	$-	$-	$-	$-	$-	$-

附錄二：每月收支損益表格式參考

	範例	1月	2月	3月	4月	5月	6月	7月	8月	9月	10月	11月	12月
					每月實際收入								
經營性收入 薪資收入	$40,000												
經營性收入 投資收入	$6,000												
經營性收入 兼職收入	$1,000												
總收入	$47,000		$0	$0	$0	$0	$0	$0	$0	$0	$0	$0	$0
					每月實際支出								
每月經常性支出 6成｜生活相關支出（食衣住行育樂）	$24,000												
每月經常性支出 3成｜投資	$12,000												
非經常性支出 1成｜投資學習或保險	$4,000												
每月總支出	$40,000		$0	$0	$0	$0	$0	$0	$0	$0	$0	$0	$0
每月總損益	$7,000		$0	$0	$0	$0	$0	$0	$0	$0	$0	$0	$0

資料提供：上班族財富翻轉學院

附錄三：投資理財心理測驗&結果分析

測一測你的 FQ 投資理財性格心理測驗

　　想透過投資來累積財富，並非是遙不可及的目標。重點在於是否夠了解自己，唯有充分了解自己才能找到最適合的致富方程式。

　　以下是一個十六道問題的投資理財小測驗，讓你分析自己的消費、理財、投資性格，了解真正的自己是一位什麼類型的投資人，進而可以選擇適合自己的投資工具及方式。

Q1. 你平時休閒時最喜歡的運動項目？

A. 散步或做瑜伽，喜歡安全舒適、無壓力，不易有運動傷害。

B. 爬山或騎車，體力能負荷，是一項穩當的運動。

C. 衝浪或熱舞，能充分享受刺激以及挑戰極限的快感。

Q2. 你平常逛街習慣買東西的一般模式？

A. 還要花時間去逛及挑選真的太麻煩了，所以平常盡量不太買東西。

B. 看到喜歡的物品會先想想是否真的有需要，再決定要不要買。

C. 一看到喜歡的物品就立刻買下。

Q3. 公司部門計劃舉辦慶功相關聚餐，同事希望要你負責選餐廳，你會怎麼決定？

A. 上網搜尋，然後看網路人氣如何，選擇人氣高的餐廳。
B. 從網路選幾家適合的餐廳，實地觀察店內環境、氣氛、用餐人氣後才決定。
C. 害怕會選錯餐廳會被大家罵到臭頭，趕緊推掉這個任務。

Q4. 如果你的月薪僅有 3 萬元左右，彈超想擁有最新 iphone14，不過目前通訊行或是電信公司門市銷售人員告訴你得花上 4 萬多元，你會如何做決定？

A. 算了決定放棄買昂貴的 iphone14，因為比一個月的薪水還多。
B. 先想想是否需要以及手邊資金再來決定。
C. 沒關係，刷信用卡去買，每個月慢慢分期付款就好。

Q5. 某百貨公司正在進行週年慶，你會不會搶著去買？

A. 根本不會，不喜歡人擠人、又怕買到有問題的商品。
B. 先看看是否有合適的物品，有的話趁機買進。
C. 當然一定會去買，難得有這麼便宜的機會，不多買一點可惜。

Q6. 如果錢不是問題，你會選擇哪種機票價格？

A. 經濟艙，你沒理由花更多的錢買機票。

B. 商務艙，並用積分升級到頭等艙，因為你無法合理化額外的費用。

C. 商務艙或頭等艙，當你去貴賓室點第一瓶香檳時，就會開始發佈到社交媒體上。

Q7. 你認為一個初入職場的社會新鮮人開始賺錢後，最適合的投資工具是什麼？

A. 定存或保險。

B. 基金或 ETF。

C. 股票。

Q8. 你覺得什麼樣的行為才叫做投資？

A. 投資有一定的風險，所以會選擇找到長期趨勢，買進後等待收成，不必躁進。

B. 經常盯著市場、跟著市場表現進出，這才有投資的感覺。

C. 這個問題不重要，能賺錢就好了。

Q9. 你目前能投入多少時間學投資？

A. 我工作或家庭很忙，沒空學投資。

B. 每周投入 5~10 小時研究。

C. 可以一年看 20~30 本投資理財、每天研究 2 小時以上。

Q10. 以下哪個描述比較符合你的投資現狀？

A. 我不想要太多研究分析，我只想要一個簡單又保證能賺錢的保險方法。

B. 我喜歡透過基本面的數據分析來做投資判斷。

C. 我喜歡透過價格籌碼數據統計、價格圖表做出技術分析。

Q11. 朋友告訴你某檔股票即將會大漲，你會：

A. 覺得投資玩股票很有風險。

B. 先讓我研究看看再說。

C. 立刻把身上有的錢都投入。

Q12. 你的投資風格是？

A. 定存（固定穩定領股息）。

B. 價值（追蹤好股便宜買）。

C. 成長（預期整體成長性）。

Q13. 如果你現在手邊持有的股票，突然連續 2~3 天下跌，你的反應是？

A. 先了解下跌原因，既使無損長期趨勢，還是先賣掉一部分股票讓部分獲利落袋為安。

B. 會先了解研究造成下跌原因，若無損長期趨勢，會決定續抱並趁低檔分批加碼。

C. 不管三七二十一，馬上賣掉全部部位。

Q14. 以下哪一個敘述，比較符合你平時投資的獲利和風險的要求？

A. 賺多少都無所謂，但不能有任何賠錢及虧損！

B. 最多有可能虧損 5%~10% 的情況，每年希望至少 10~15% 以上的獲利。

C. 虧損 20% 以上都還可以承受，最好能每年獲利 20% 以上的獲利。

Q15. 當你買進 1 檔 ETF 或股票後，會不會經常看 ETF 淨值或股價表現？

A. 不會，買進之前做過功課，定期檢視就好。

B. 當然會，只要下跌或漲不動，馬上賣出轉換標的。

C. 會經常看，而且若波動太大就會受不了而賣出。

Q16. 你是怎麼決定投資一金融或一檔股票的？

A. 聽好友、理專的建議，因為上班太忙了，而且也搞不懂這些投資商品。

B. 自己先做功課，了解這個市場趨勢或這檔股票基本面後，再進場。

C. 看績效決定，在上漲的就買。

◎投資理財測驗結果

測驗結果	動物類型	投資性格描述	初步適合的投資工具參考
拿到 8 個 A 以上的人：	白兔 保守型	你屬於保守型投資人，優點是不願承受虧損的你，儘管財富成長速度較慢，卻能趨吉避凶，讓獲利細水長流。但缺點是，對投資缺乏熱情、比較不愛自己下功夫研究多多了解商品與投資趨勢，對投資比較沒有想法與主見，容易買錯商品。	存好股 ETF 房產
拿到 8 個 B 以上的人：	金牛 穩健型	你屬於穩健型投資人，優點是做事穩紮穩打、比較理性、對投資有耐心，投資前會做功課、下手前也會先列出清單，不會跟著市場或者理專及業者的行銷語言起舞，對於挑選的個股或相關產品願意長抱，因此有機會賺到大波段、長波段財富。但相對的是缺點則是可能會想太久才出手，錯過最佳投資佈局時點，或者低估市場下跌風險的威力，未能在危機發生前賣出持股。	ETF 股票 房產 美股

測驗結果	動物類型	投資性格描述	初步適合的投資工具參考
拿到 8 個 C 以上的人：	紅狼 積極型	你屬於積極型的投資人，優點是願意冒風險去掌握投資機會、積極追求獲利，容易短期內致富，就算投資失利也不會輕易懷憂喪志，會繼續給自己努力的機會。 不過缺點是一天不交易或者短期沒進出，就會覺得沒事可做、手癢癢的，使得短期之內雖然有賺錢，但是長期下來收穫可能沒那麼多，可能投資報酬率與付出的心力、時間不成比例。	台股 美股 虛擬貨幣

（本理財性格測驗僅供參考）

附錄四：台灣重要配息 ETF 年曆參考

ETF	週期	1月	2月	3月	4月	5月	6月	7月	8月	9月	10月	11月	12月
永豐優息存股（00907）	雙月		V		V		V	V			V		V
永豐台灣 ESG(00888)	季配	V			V			V			V		
國泰永續高股息 (00878)			V			V			V			V	
中信關鍵半導體 (00891)			V			V			V			V	
中信小資高價 30(00894)			V			V			V			V	
富邦特選高股息 30(00900)			V			V			V			V	
中信綠能及電動車 (00896)				V			V			V			V
元大台灣高息低波（00713）				V			V			V			V
凱基優選高股息 30（00915）				V			V			V			V
FT 臺灣 Smart(00905)		V			V			V			V		
元大台灣 50(0050)	半年配	V						V					
國泰股利精選 30(00701)		V							V				
國泰台灣 5G+(00881)		V							V				
富邦台 50(006208)								V				V	

資料參考：各投信官網（正確資訊請以各投信官網公佈為準）

玩藝128

小資變有錢的超強執行法：夢想實現、財富翻轉、100天的行動方案

作　　者—Dr.Selena楊倩琳博士

封面照片提供—女力學院
責任編輯—周湘琦
校稿協助—張志文、朱央如
封面設計—劉旻旻
內頁設計—菩薩蠻
行銷企劃—吳孟蓉
副總編輯—呂增娣
總 編 輯—周湘琦

董 事 長—趙政岷
出 版 者—時報文化出版企業股份有限公司
　　　　　108019台北市和平西路三段240號2樓
　　　　　發行專線　(02)2306-6842
　　　　　讀者服務專線—0800-231-705　(02)2304-7103
　　　　　讀者服務傳真—(02)2304-6858
　　　　　郵撥—19344724時報文化出版公司
　　　　　信箱—10899臺北華江橋郵局第99信箱
時報悅讀網—http://www.readingtimes.com.tw
電子郵件信箱—books@readingtimes.com.tw
法律顧問—理律法律事務所　陳長文律師、李念祖律師
印　　刷—勁達印刷有限公司
初版一刷—2022年11月18日
定　　價—新台幣460元

（缺頁或破損的書，請寄回更換）

小資變有錢的超強執行法：夢想實現、財富翻轉、100
天的行動方案/Dr.Selena楊倩琳作. -- 初版. -- 臺北市：
時報文化出版企業股份有限公司, 2022.11
　　面；　公分. -- (玩藝；128)
　　ISBN 978-626-353-143-7(平裝)

　　1.CST: 個人理財 2.CST: 投資

563　　　　　　　　　　　　　　　111017752

ISBN 978-978-626-353-143-7
Printed in Taiwan

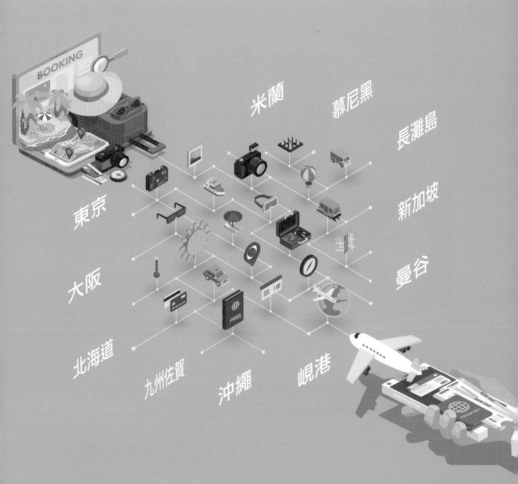